Developmental
approaches to
career behaviors
2nd Edition

新版
キャリアの心理学

キャリア支援への発達的アプローチ

［第2版］

渡辺三枝子◉編著 WATANABE Mieko

大庭さよ・岡田昌毅・河田美智子・黒川雅之
田中勝男・中村 恵・堀越 弘・道谷里英

ナカニシヤ出版

まえがき

　筆者らが最初に『キャリアの心理学』を上梓し，主として，日本のキャリア・カウンセリング関係者に影響を与えてきた8名の理論家を紹介したのは2003年です。それ以来，キャリア・カウンセラー（コンサルタント）という専門職が日本社会のなかで周知されるにつれて，関連する理論や技法を紹介する著作が複数出版され，書店やインターネットでも紹介されるようになりました。私共も，多様な活動領域でキャリア支援の実践や関連する研究に取り組んできました。その過程で多くの理論の比較検討もしました。

　日本において「キャリア支援」に関心をもつ方々や実践家を志す方々が増え，キャリア支援の理論や支援技法への関心が高まるにともない，日本社会の動向のなかで実力を発揮できるカウンセラーが求められるようになってきたことは周知のことです。またキャリア・カウンセラー（コンサルタント）を職業とする人にとって，当然のことながら，キャリア・カウンセリングの背景となる複数の理論を学習し，比較検討し，自らの価値観や活動場面に適合すると判断できる理論やアプローチを見つけることは，専門家として当然必要となってきたわけです。事実，主としてアメリカの専門家によって研究され，発達した種々の理論が日本に紹介され，現在のキャリア・カウンセラーの理論的・実践的なバックボーンとなっています。

　日本のキャリア・カウンセリングの成立と発展に影響を与えてき

たキャリアの心理学的理論やアプローチは，科学としての心理学を土台としていることはいうまでもありません。言い換えれば，複数存在するキャリアのアプローチはどれも，人間行動に関する研究者や理論家自身の人間観や世界観，そして研究者の生きた社会環境と時代背景から独立して構築されることはなかったといえるでしょう。

　そこで，私共は，キャリアの心理学の諸理論を学習し，かつそれをカウンセラーとして実践していくためには，たえず，自分の価値観や人間観，キャリア観と対峙しながら，既存の理論のなかに自分の価値観や人間観と一致する理論を見つけることが必要となると考えてきました。

　そこで2003年には，当時から日本のキャリア・カウンセリング界で知名度の高い8名の理論家を紹介し，次いで2007年の改訂で，さらにマーク・サビカスと新たな潮流を加え，複数の理論を比較できることで，読者の方々が，自分の価値観や実践の在り方を比較検討でき得ることをめざし『新版キャリアの心理学―キャリア支援への発達的アプローチ』(2007) を上梓しました。

　しかし，実は2007年に改訂版の執筆にとりかかっている過程で，私共は，アメリカはじめEUの国々の研究仲間との対話をとおして，彼らの姿，姿勢からあることに気づくことができました。その彼らの姿とは，予想もできない社会の変革に遭遇し，生き方の多様な変化をせまられ苦悩している人々（彼ら自身もその一人）を前に，自身のキャリア・カウンセラーの存在意義を自問し，カウンセラーとしての独自の存在意義を探し求めて研究し，実践している姿でした。また，そこでは理論の相違を主張するのではなく，専門職としての相互の特徴を認め，理解し合い，異なる支援や方法を尊重し合う姿勢が印象的でした。それはまさに自分の理論を絶対視せず，冷静な目でクライエントとその環境，社会を見つめ，かつ科学者としての

客観的な目で自分の視点や実践方法を自己評価していこうとする気持ちの表れといえるでしょう。こうして，日々彼らの視点や実践方法は，進化し続けているのです。その結果，日本に紹介される理論も，幾年も同じところにとどまるはずはないのです。

　社会が大きく変化する状況のなかで，研究者であり実践家である彼らのそうした姿勢は，キャリア支援の専門家としての社会的責任と対峙し，従来の理論を再点検し，現代に生きる人々に独自の貢献をする道を探るために，自分の理論を点検，発展させる行動として，理論の変化に表現されています。言い換えれば，新たな理論や技法が生まれたわけではないのです。20世紀末からは，数十年の歴史をもつキャリアの心理学を評価し直し，現代的意味と独自性に真摯に向き合い，キャリア支援を支えてきたキャリアの従来の研究の価値の問い直しを大きな課題として，研究者，理論家の間で反省をともなう議論や研究に主力が注がれたといっても過言ではないでしょう。その結果，改めて「キャリア・カウンセリング」としての現代的存在意義の検証の結果が明らかにされ，従来から提唱されてきた理論的アプローチや技法の現代的意味が改めて提唱されました。

　そこで，私共も勇気を出して2007年発行の『新版キャリアの心理学』を見直し，ナカニシヤ出版さまの深いご理解とご協力で改訂版を上梓することにいたしました。

　改訂版の上梓に当たり，私共が特に大切にしたことがあります。第一は，「理論を学習する意味」という節を，各理論の紹介に先だって第1章に新たに追加したことです。その理由は「キャリア・カウンセリングが，科学としてのカウンセリング心理学の一応用領域であること」を強調する必要性を感じたためです。

　第二は，改訂するに当たり，改めて，かなり古い文献や著者たちとの直接的な出会いから得られた資料を紐解いて，完璧とはいえませんが，少しでも正確に研究の変遷を紹介することに努めました。

本書で紹介した理論家は日本でもよく知られており，影響力のある人々です。どの理論家も，研究者であるとともに実践家として，自分の基盤とする理論やアプローチをたえず検証し続け，修正しています。言い換えれば，カウンセリング心理学者としてのアイデンティティから，社会変化のなかに生きる個人の「キャリア，生きることの困難さと支援の意義」を追求する結果，自身の理論を発展させ続けているのです。そこから，私共は，理論家の方々の，カウンセラーとしての謙虚な姿勢（「人は変化し続ける存在」という人間尊重）を学び取ることができました。本書では特に日本で役立つと思われる内容に絞って紹介していますが，少しでもその精神を読者のみなさまにもお伝えできれば幸いであると考えます。

　最後に，2007 年出版の『新版キャリアの心理学』から編集上で変更した部分を指摘しておきます。第一は，本書の目次からも明らかなように理論家の並び替えをしたことです。その根拠は，理論的な関連性や理論構築の主たる対象者が比較的近いことなどを考慮することで，読者の理論学習を少しでも容易にしたいと考えたことにあります。もう一つの変更は，原語の日本語の表記を，現在日本で広く使われている表記に改めたことです。たとえば，Krumboltz を初版でのクルンボルツから本書ではクランボルツに統一しました。各理論のより深い理解を補助する「コラム」も増やし，各理論家の背景となる理論の説明や用語の説明を加えました。

　最後に新版の第 2 版を快くお引き受けくださいましたナカニシヤ出版の宍倉由高編集長の寛大なご配慮と，専門的なご支援と複雑な編集作業をお引き受けくださいました編集部の山本あかね様に心より感謝申し上げます。

2018 年 5 月

執筆者を代表として

渡辺　三枝子

目　　次

▥コラム ─────────────────────────

1
「キャリアの心理学」を学ぶにあたって

1. 理論を学習する意味

　カウンセリング関連の講座にいくと,「理論は大事」,「理論をしっかり学べ」といわれることが多い。いかなる分野でも,理論は科学的に構築されたものであり,それを前提に世の中で起きている事象を見るというアプローチが正しいのだろうということは確かに頭では理解できている。しかし,その一方で,時間のないなか,理論を学習する緊急性・優先順位の高さを心の底から感じられないという声もある。理論を学習する意味がなかなか肚に落ちてこないというのが正直な話ではないだろうか。「理論」と「カウンセリングの実践」との間にはかなりの心理的な距離があるというのが実情である。

　内田（2006）は,「科学理論というものは無条件に信じるべきではありません。講義やテキストに書かれた事柄は"今の段階ではここまでしかわかっていない"ということの洗練された表明にすぎないのです」と述べている。このことは,理論に信頼性がないということではなく,理論は絶対的なものではない。ある意味,知の限界を示しているようなものだということであろう。逆の見方をすれ

ば，理論というものは常に進化し続ける可能性を有するものであり，永続的な理論は存在しえないということでもある。

では，なぜ，プロフェッショナルとしてのキャリア・カウンセラーをめざしていく人々が，このように常に進化し続ける可能性のある理論というものを学習していく必要があるのだろうか？

このことは，以前から随所で聞かれる「プロフェッショナルとしてのキャリア・カウンセラー」と「近所の世話好きの人」との違いは何か？という問いとも共通している点である。

インドでは古くから，「群盲象を評す」という寓話がある[1]。

インドのジャイナ教における伝承を起源とする寓話である。伝承では，6人の盲人が象に触れることで，それが何だと思うか問われる形になっている。足を触った盲人は「柱のようです」と答えた。尾を触った盲人は「綱のようです」と答えた。鼻を触った盲人は「木の枝のようです」と答えた。耳を触った盲人は「扇のようです」と答えた。腹を触った盲人は「壁のようです」と答えた。牙を触った盲人は「パイプのようです」と答えた。それを聞いた賢者はこう答えた。「あなた方はみな，正しい。あなた方の話が食い違っているのは，あなた方が象の異なる部分を触っているからです。象は，

---

(1) 出典：Jain World(http://www.jainworld.com/education/stories25.asp)

あなた方のいう特徴をすべて備えているのです」と。

　この寓話は，真実の多様性または誤謬に対する教訓として使われることが多いが，特に前者，「真実は多様である」ということについては，キャリア・カウンセリングの実践においても同様のことがいえる。

　キャリア・カウンセリングの実践は，人を扱う領域である。加えて「人」は社会的な存在であり，人をとりまく社会（環境）の変化に応じて，変化し続ける存在でもある。ということは，変化する環境のなかにいる「人」であるクライアントを支援することにおいて，唯一の正解や万能薬はない。真実は一つではないということである。

　真実が一つではない状況のなかで，変化していく環境やクライアントによりよき支援をしていくためには，カウンセラー一人ひとりが状況をできるだけ正確に捉え，深く考えていくことが求められる。また，その一方で，キャリア・カウンセリングの領域は実践に立脚する学問（実学）でもあるので，カウンセラーがその実践のなかから学んでいくことも多い。ゆえにその実践から得られた経験や勘を仕事のなかで活用するということも求められるが，経験や勘は領域固有性が高く，再現性にばらつきが生ずる。これだけで仕事をするには一定の限界があることが明らかである。

　そこでプロフェッショナルとしてのキャリア・カウンセラーが経験や勘だけに頼らずに深く考えていくために求められるのが「理論を学習する」ということである。このことが，「キャリア・カウンセラー」と「近所の世話好きの人」とが大きく異なる一面を説明しているのではないだろうか。プロフェッショナルとは，クライアントのために「学習し続ける」こと，そのことで自身の変化・成長を実感し続けることが重要な条件の一つなのである。

　そもそも「理論」とはどういうものを指しているのであろうか。

　國分（1980）は「理論」について，人間世界における現象（phe-nomena）が，研究者によって，「事実（fact）」，「概念（concept）」，「理論（theory）」へと昇華されていく，という流れで説明している。

　まず「現象」とは，たとえば，自殺，家庭内暴力，離婚といった新聞やテレビなどのメディアから知らされている人間世界のなかで起きている事象のことを指している。

　これらの「現象」に対して，研究者がアンケートや面接や心理テストといった様々な調査・研究作業を行うことを通じて明らかになったことを，「事実」という。研究者の仕事の一つは「現象」の中からいくつもの「事実」を発見することである。

　研究者は，発見された多くの「事実」のなかから，いくつかの「事実」に共通する原理を読みとろうとする。この具体的な事実を抽象化・一般化する作業のことを概念化（conceptualization）といい，その結果として生み出されたものが「概念」である。

　「概念」がいくつか抽出された後に，それらの「概念」を相互に連繋させ，一つの意味ある全体像にまとめあげたもの，すなわち「概念」の束が「理論」というものである。理論はいきなり最初から存在するものではなく，研究者の丁寧な作業の結果，生み出されたものなのである。

　さて，キャリア・カウンセラーが，以上のように生み出された「理論を学習する」ということは，カウンセリングの実践のなかで，次のようなメリットをもたらす。

①理論は結果の予測可能性を向上させるものである

　キャリア・カウンセリングの過程において，理論があることで，カウンセラーの経験が少なかったとしても，これをすればどういうことが起きるかという結果の予測が可能となる。理論を学んだ

ことがカウンセラーの行動の根拠になるといっても過言ではない。カウンセラーの意図的な行動が可能になるという意味で理論を学習することは重要である。

②理論はキャリア・カウンセラーが遭遇した現象・事実を説明・解釈・整理する手がかりとなる

キャリア・カウンセラーはクライアントが発した言語的なメッセージだけでなく，非言語的なメッセージも注視しながら，両方の意味を紐解いていくことを通じて，カウンセリングの過程を進めていくことになる。しかし起きていることが説明できない，または起きていることをある枠組みで解釈できないと，そこから得られた情報を整理することもままならなくなり，何をすべきかを考えることも難しくなる。たとえば，クライアントがなぜそのキャリアを選択したのか，いま，なぜそれに不満を感じているのか，など総合的に理解を深めていくための手がかりとして理論は重要な存在である。

③理論は仮説を生み出すための基盤となる

キャリア・カウンセリングの実践で，よく「見立てる」という言葉が使われるが，それはクライアントやクライアントをとりまく環境（状況）についての仮説を構築することである。仮説にはクライアントが抱える問題に関するもの，クライアントが身を置く文脈に関するもの，支援の目標に関するもの等がある。そして，これらの仮説の設定，検証，修正・再構築の連続的過程は，カウンセラーがクライアントの問題を焦点化していく過程そのものである。そのためにはその基盤となる理論を学習しておく必要があろう。

もちろん本書でもこれ以降，紹介していくようにキャリアに関する理論は一つではない。理論はそれぞれ固有の前提やアプローチを

有し，ある側面から支援対象となるクライアント（個人や集団）のキャリアに関する状況や行動を説明する観点である一方で，各々の理論はそのすべてを説明するには不十分である。スーパー（Super, 1992）も述べているが，複数の理論は各々が相互補完的にキャリア行動の様々な側面に光を当てているだけで「どの理論がよりよいのか」という問いは本質的ではないのである。

　加えて，キャリア・カウンセリングの実践のなかでも，理論との対比でよく登場する技法やツールについても，あえてここで付け加えておきたい。これらは必ず特定の理論がその背景・土台にあるという意味で，すべてのクライアントのすべての状況や行動に介入できるもの，いわゆる王道や万能薬といえるものは存在しない。技法やツールも理論と同様に，柔軟であるべきで，実証的なアプローチから常に成長し，発展していくものと理解していくことがプロフェッショナルとして健全な思考である。決して一方的に押し付けたり，教条的であったりしてはならないのである。

　キャリア・カウンセラーが理論を学習することは以上の点から重要である。しかし，もっと重要なことはその理論，そして理論に基づいた技法・ツールをカウンセリングの過程のなかで選択し使いこなすのはカウンセラー自身であることを肝に銘じておくことであろう。

　キャリア・カウンセラー自身が理論に振り回されないことが何よりも重要なことなのである。

2. キャリアの心理学を支える基礎理論

　各理論の紹介に先立って，キャリアの心理学的理論に共通する概念として「発達」と「キャリア」の概念を取り上げ，概要を整理しておくこととした。先に述べたように，キャリアの研究の先駆けで

あるアメリカの心理学者のなかで，キャリアの概念を人間行動の理解に取り入れたのは，カウンセリング心理学者および組織心理学者であった。その理由はカウンセリング心理学者も組織心理学者ともに，社会変化と，個々人（児童から成人まで）の行動やメンタルヘルスの向上とが切り離せないことに直面してきたからである。特に，最近の重要な傾向として，産業構造の急激な変化のなかで中高年齢者が，彼らのクライアントとなり，研究のターゲットとなったことがある。言い換えれば，カウンセリング心理学者や組織心理学者がキャリアに関心をもつようになったきっかけは，個人をとりまく社会・経済的変化と産業構造の変革が個人の心理的・精神的健康に影響するという事実であったといえるであろうが，キャリアという概念を取り入れた根底には「生涯発達心理学」と「人と環境の相互作用」の視点があったことを指摘しておかなければならない。

　そこで，本章では，各理論の理解を深めていただくために，まず，「発達」および「キャリア」について要点を解説しておきたい。

（1）発達とは

　発達という言葉は日常場面でも使われ多義的であるが，心理学ではどのように捉えられているのだろうか。『広辞苑』では心理学の用語として「個体が時間経過に伴ってその身体的・精神的機能を変えていく過程。成長と学習を要因として展開する」と定義されている。また，『発達心理学辞典』においては，「有機体の生命の始まり以後の時間にわたる，身体・精神・行動・人格の構造と機能の順次的段階的な形成および変化をいう」と定義されている。いずれにおいても共通する概念としては，「時間経過」と「変化」というところであろう。

　心理学が，青年期までの「時間的経過」にともなう「変化」を研究対象としていた時代においては，「発達」は成長や成熟といった

モデル名	イメージ	価値	モデルの特徴	発達の ゴール	重要な 次元	おもな理論家
A成長	（プラス）　25歳　70歳 （年齢）	考える	子どもからおとなになるまでの獲得、成長を考える。成人発達の可塑性を考えない	おとな 均衡化 獲得	身体 知能 行動	ピアジェ フロイト ウェルナー ワロン
B熟達	（プラス）　25歳　70歳	考える	以前の機能が基礎になり、生涯通じて発達しつづける安定性と一貫性を重視する	熟達 安定	有能さ 力 内的作業 モデル	バルテス ボウルビィ
C成熟	（プラス）　25歳　70歳	考える	複数の機能を同時に考える。ある機能を喪失し、別の機能が成熟すると考える	成熟 知恵 統合	有能さ 徳	バルテス エリクソン レヴィンソン
D両行	（プラス）（マイナス）　25歳　70歳	考える	複数の機能を同時に考える。ある観点から見るとプラスであり別の観点から見るとマイナスと見なす	特定できない （個性化 両性具有）	両価値 変化プロセス 意味	（ユング）
E過程	〜〜〜　25歳　70歳	考えない	人生行路（コース）や役割や経歴（キャリア）の年齢や出来事による変化過程を考える	考えない	エイジング 社会的役割 人生イベント	ハヴィガースト エルダー
F円環	25歳 70歳	考えない	回帰や折り返しを考える。もとへ戻る、帰還による完成	「無」に戻る 完成	意味 回帰	

図1-1　生涯発達の6つのモデル (やまだ, 1995)

言葉とほとんど同義に用いられていた。すなわち，時間的経過にともなって身体・精神・行動・人格の構造が完成されていく変化として捉えられることが多かった。しかし，近年，生涯発達（life-span development）の考えが強調されるようになり，「発達心理学」も

表1-1　生涯発達心理学を特徴づける理論的観点の要約 (Baltes, 1987)

概　念	各観点の内容
生涯発達	個体の発達は生涯にわたる過程である。どの年齢も発達の性質を規定する上で特別の地位をもたない。発達の全過程を通じて、また生涯のあらゆる段階において、連続的（蓄積的）な過程と不連続（革新的）な過程の両方が機能している。
多方向性	個体の発達を構成する変化の多方向性は、同一の領域内においてすら見出される。変化の方向は行動のカテゴリーによって様々である。さらに同じ発達的変化の期間において、ある行動システムでは機能のレベルが向上する一方で、別の行動システムでは低下する。
獲得と喪失としての発達	発達の過程は、量的増大としての成長といった、高い有効性の実現へと単純に向かう過程ではない。むしろ発達は、全生涯を通じて常に獲得（成長）と喪失（衰退）とが結びついて起こる過程である。
可塑性	個人内での大きな可塑性（可変性）が心理学的発達において見出されている。したがって個人の生活条件と経験によって、その個人の発達の道筋は様々な形態をとりうる。発達研究の重要なポイントは、可塑性の範囲とそれを制約するものを追究することである。
発達が歴史に埋め込まれていること	個体の発達は、歴史的文化的な条件によってきわめて多様でありうる。いかにして個体の（年齢に関係した）発達が進むかということは、その歴史上の期間に存在している社会文化的条件と、その条件がその後いかに推移するかによって著しく影響される。
パラダイムとしての文脈主義	個々の発達のどの特定の道筋も、発達的要因の3つのシステムの間の相互作用（弁証法）の結果として理解することができる。3つの要因とは、年齢にともなうもの、歴史にともなうもの、そしてそのような規準のないものである。これらのシステムの働きは、文脈主義に結びついたメタ理論的な原理によって特徴づけられる。
学際的研究としての発達研究	心理学的発達は、人間の発達に関係する他の学問領域（たとえば人類学、生物学、社会学）によってもたらされる学際的文脈の中で理解される必要がある。生涯発達的な見方を学際的態度に対して開いておく理由は、「純粋主義的」な心理学的観点だけでは、受胎から死に至る行動発達のごく一部分しか描き出すことができないからである。

「生涯発達心理学」と呼ばれるようにもなっている。「生涯発達心理学」においては、単に研究対象を成人期、老人期と広げるというこ

とのみならず，「発達」という概念そのものを再検討することとなった。

　やまだ（1995）は，生涯発達を捉えるときの「発達観」を示す6つの理念モデルを作成し，A 成長モデル，B 熟達モデル，C 成熟モデル，D 両行モデル，E 過程モデル，F 円環モデルと名づけた（図1‐1参照）。これら6つのモデルの詳細な説明については，やまだ（1995）を参照していただくこととし，基礎的特徴のみをここでは紹介する。最初の4つのモデル（成長モデル，熟達モデル，成熟モデル，両行モデル）は「発達を何らかのプラスの価値への接近とみなす」という発達観を基礎とするのに対し，後者の2つのモデル（過程モデル，円環モデル）は「発達とは生涯にわたって展開するプロセスである」という発達観によっている。成長モデルは，広い意味での生物モデルに基づいており，おとなになるまでの発達過程に焦点が当てられている。熟達モデルは，成人以降も必ずしも機能が衰退するとは考えないで以前の機能を基礎にその積み重ねの上に発達し続けるという可能性を追求するものである。成熟モデルは，熟達モデルが一機能に焦点を当てるのに対し，複数の機能に焦点を当てる点で特徴的である。両行モデルは，複数の機能に焦点を当てるとともに，多目的・多次元の発達が同時に併行的に進むことを強調するものである。過程モデルとは，完成体のイメージをもたず，発達が向かうゴールや目的・価値観を考慮に入れないで現象の記述をする。円環モデルは研究としてはまだ展開されていないが，時間の流れを回帰し循環する流れとして考え，回帰性を強調するものである。

　発達をどのように考えているかという発達観は，研究者によってそれぞれ異なり，「発達」を研究するときには自分の発達観に自覚的である必要があるのはもちろんであるが，最後に比較的多くの研究者に一致が見られる生涯発達心理学を特徴づける視点をバルテス

（Baltes, 1987）がまとめたものを紹介しておきたい（表1-1参照）。

(2)「キャリア」とは

　本書で取り上げるキャリアに関する心理学の諸理論を理解するために，また，昨今急速に注目を浴びだしているキャリア・カウンセリングやキャリア形成，キャリア開発，キャリア教育などの実践活動を推進するために，「実は『キャリア』という言葉が真に何を意味しているのか」「その他の言葉では置き換えられない特異性は何か」「本当に日本語に，同じ意味を表現する単語はないのか」「いったいキャリアとは何なのか」等を明らかにすることは避けて通れない重要な課題となってきている。

　「キャリア」という言葉は，外来語ではあっても日本社会のなかでかなり以前から用いられてきており，あえてその意味を問い直す必要を感じていない人も少なくない。しかし，個人のキャリア発達（開発）の促進のための実践プログラムやキャリア・カウンセリングへの関心が高まり，キャリアに関する研究も盛んになるにつれ，研究者の間では「キャリア」の概念を明確化する必要性を強調する人が増加してきている。なぜなら梅澤（2001）も指摘しているとおり，キャリアという用語に相当する捉え方や概念は，日本社会にはなかったからである。

　「キャリア」の概念を説明しようとしている研究者は口をそろえて，その多義性を認めている。もともと言葉は時代とともに変化するものであることを考えれば，どの言葉も多かれ少なかれ多義であらざるをえないのかもしれない。その意味では，どの言葉もその用いられた時代背景とその文脈のなかで理解する必要があると思う。キャリアという言葉も例外ではない。たとえば，日本社会では，「キャリア組」とか「キャリアウーマン」「キャリアアップ」という言葉が定着して久しい。確かに19世紀中ごろから欧米では職業上

の前進を意味し，その典型例が高級官僚とか専門職についた人の生活であった。このように職業をとおしての競走に勝って前進していく生活を指してキャリアと呼んでいた時代に，この言葉は日本に紹介されたため，キャリアのイメージがそのまま定着し，「個人が職業上たどっていく経歴」というように，職業や仕事と関わらせた使い方が一般的となった（梅澤, 2001, p.185）のであろう。近年では職業だけでなく広く人々の生き方の全体を俯瞰し，個人の生活の向上を意味するようになった。20世紀末の欧米の文献では，「キャリアは死滅した」（Hall, 1966）とか「ニューキャリア」（Arnold & Jackson, 1997）などの新語が作り出されているが，それは，産業構造の変化が人々の生き方に及ぼした影響を指し示しているのであり，「働くこと」と個人の関わりのあり方が変化したことを意味している。その結果，具体的なキャリアのイメージも変化したことを意味している。

　言葉は生きているといわれるように，時代によって「キャリア」という言葉によって表現される現象は具体的には異なりうる。しかし，他の言葉ではなく「キャリア」を使用するというのは，ほかの言葉では表現できない固有の意味づけができるからではないだろうか。キャリアは外来語のため，日本では「職業（occupation）」や「職務（job）」とほぼ同意語のように扱われる場合もあるが，一般的には職業や職務とは区別し，キャリアの概念に近い言葉として「職業経歴」が当てられている。しかし，最初の2つはもちろんのこと，職業経歴でも，まだ十分に表現しきれない独自の意味がキャリアには内包されている。

　なぜ，本書の執筆者らはこれほどにキャリアの概念に固執するのかと思われるかもしれない。その理由はキャリアの心理学の諸理論を理解するためであり，キャリア・カウンセリングやガイダンスなどの応用領域におけるアプローチや技法を正確に把握するために不

可欠であると思われるからである。

①普通名詞・動詞としての「キャリア」

　日本人にとっては日本語に置き換えられないことも手伝ってか，キャリアという言葉を特別扱いしがちであるが，もともとは普通名詞であり，普通動詞である。そこで，キャリアの研究者ごとの定義に入る前に，「キャリア」を普通の単語として取り上げてみたい。

　キャリアという単語の乱用に疑問をもち，キャリアの意味について歴史的文献を通して研究してきた川喜多（2005）は，文学作品（例：シェークスピアの『ヘンリ五世』，ミルトンの『失楽園』，バーナード・ショーの『ピグマリオン』，ジェームス・バリーの『女がみな知っていること』など）のなかの「キャリア」を取り上げ，その概念の歴史的変遷を分析している。その一部を要約して引用しておきたい。「ラテン語の carrus（車輪の付いた乗り物）を語源とし，それが後にイタリア語（carriera），フランス語（carriere）となってレースコースを意味し，その後 16 世紀にイギリスに輸入されて新たに「フルスピードで馬を走らせてかける」「突撃する」という意味をもつようになる。他方で，キャリアは「太陽の通り道」という価値的に中立的な意味でも用いられたりもした。……17,18 世紀には単に急速であるだけでなく，さらに他から抑制されることのない動きをさすようになる。それが，権力への階段への上へ上への道を意味するようになった」（pp.22-23）。

　また，金井（2001）は，動詞および名詞としての英語の「キャリア」の同義語から，その概念を解明している。すなわち，キャリアとの同義語を 5 つのカテゴリーに分類している。第 1 は「前進（する）」とか「行程」「軌跡」「通過点」などの意味であり，ここではキャリアに「動き」の意味が含まれていることが明らかである。第 2 の分類は「進行（する）」「退行（後ろに戻る）」「回帰（元に戻

る）」「漂流（状況に流される）」との同義語である。ここでは動き
の方向性が意味されている。つまり，キャリアの意味する前進は上
方とか未来とは限らず，後ろ，過去，横などの方面への動きも意味
される言葉であることが明らかである。第3の分類は具体的な職業，
一連の仕事，使命，専門職，生涯の仕事（work）などと同義であ
る。ここでは個人がかかわる仕事（work）という意味が含まれて
いる。第4は「猛進（する）」との同義であり，ここではレース，
目標をめざして殺到する様子や競争，「ここぞというところで突き
進む」という意味が内包される。第5に，キャリアは「達成された
状態（accomplished）」も意味する。この意味には「スキルが一定
のレベルに十分達している状態」という意味が含まれているため，
そこから「熟練した」とか「経験を積んだ」というニュアンスが生
まれ，さらには「専門的」という意味が含まれるようになった。

　5つに分類されたキャリアの意味であるが，これらの5種類の使
われ方は相互に関連しあい，キャリアという1つの単語のなかに包
含されている。そのため，強調点の違いによって多様な定義が生ま
れてきたのである。また，キャリアを的確に表現する日本語の単語
を見つけるのも至難となるので，現在のように，原語をそのまま用
い，カタカナで表示することで日本語として扱うことが安全とな
る。

　そこで，既存の代表的な定義を紹介し，どの定義にも共通してい
るキャリアの概念の基本要素を明らかにしてみたい。

②代表的な定義

　上述したように，キャリアという単語の歴史は長い。しかし，社
会科学の領域で積極的に用いられるようになったのは20世紀半ば
である。心理学においてキャリアを現在の意味で研究対象としてき
た歴史をふりかえると，複雑な心理社会的現象としての「人間の働

くという行動（human work activity）」を概念化し，測定しようとした研究は 1950 年代に始まり，その複雑な人間の職業行動を総合して表現する概念として「キャリア」という言葉が用いられるようになった（Jepsen & Choudhuri, 2001）。当時，研究の先端を走っていたドナルド・スーパー（D. E. Super）は occupation を，市場価値をもつ特定の活動とし，career を個人が生涯に経験する職業，職務，課業の連続を区別し（1950），キャリアには長期的な時間的スパンのなかでの個人の仕事との関わりの意味が含まれると述べている（1951）。その後スーパーは，個人の生涯にわたって自己関与（コミットメント）することの表現として職業およびその他の様々な役割の連続であること，そして，「キャリアは，個人がそれを追求することによってのみ存在するものである」（1976, p.4）と記述している。

　1970 年代以降，研究が進むにともない，キャリアという用語の多様性が混乱を招くことも明らかになり，概念の明確化が必要となった。本書の各章でもそれぞれの理論家が自分の定義を提示しており，その多様性は明らかである。まず，ここでは，後の章で取り上げられていない理論家がどのように定義しているかを紹介することとしたい。

　マクダニエルズ（McDaniels, 1978）は，ライフスタイルの一概念という解釈をしており，個人が生涯にわたって様々な仕事や活動にかかわってきた様相である，と説明している。

　レイノールとエンティン（Raynor & Entin, 1982）は「キャリア」を「現象学的な概念であると同時に，行動に関わる概念である」と説明し，次のように定義づけている。すなわち「個々人が行うことと，その人の自己についての見方とを結びつける概念である。ある人のキャリアとはその人が長期間にわたって抱く自己についての感覚から成っており，それは個人の行為とその結果を通して明確化さ

れる。キャリアは，人が自分の社会環境の文脈のなかで自己（具体的には，個人の将来計画，過去の成功・失敗経験，現在身についている能力や特性などについて）の捉え方を規定する」（p.262）と。

　シャインは，その著『キャリア・ダイナミクス』（Schein, 1978 二村・三善訳, 1991）のなかで，キャリアは，知的専門職業あるいは明確な昇進をともなう職業に限られるわけではなく，熟練の必要の少ない職業および昇進のない職業にもまったく同様に当てはまると述べている。

　金井は「成人になってフルタイムで働き始めて以降，生活ないし人生全般を基盤として繰り広げられる長期的な仕事生活における具体的な職務・職種・職能での諸経験の連続と節目での選択が生み出していく回顧的な意味づけと将来構想・展望のパターン」（金井, 2001）として，職業生活に入った後に焦点を当てている。

　アーサー，ホール，ローレンス（Arthur, Hall, & Lawrence, 1989）は「個人が長年にわたって積みかさねた働く体験の連続」と定義し，さらに，次のような意味を内包すると解説している。すなわち，①雇用だけでなく多様な働く経験（家事その他）に焦点を当てている，②個人間の差異ではなく，個人内の差異に焦点，つまり個々人の独自な体験に限られる（働く人はすべてキャリアをもつ），③積みかさねられた体験の連続，つまり，時間的幅と流れを意味する長期にわたる意思決定の鎖，の3つの要素で示されている。

　ハーとクレイマー（Herr & Cramer, 1996）はキャリアという言葉に「個別性」という概念が内包されていることを強調している。つまり，キャリアが「人によって異なるユニークなものである」点に注意を喚起し，したがって「個人が生涯の中で経験する『何を選び，何を選ばないか』によって創造されるダイナミックなものである」と説明している。

　最後に，文部科学省が平成16（2004）年に公表した「キャリア

教育の推進に関する総合的調査研究協力者会議報告書」のなかで提示されたキャリアの定義を紹介しておきたい。報告書では「キャリアは『個人』と『働くこと』との関係の上に成り立つ概念であり，個人から独立して存在し得ないということである。……個々人が生涯にわたって遂行するさまざまな立場や役割の連鎖およびその過程における自己と働くこととの関係付けや価値付けの累積」（文部科学省，2004, p.7）と定義している。ちなみに，本報告書は，平成16（2004）年以降全国の小学校，中学校，高等学校，および高等教育機関で取り組まれているキャリア教育の指針となっている。

　このようにキャリアの定義を調べていくと，定義の解説の具体的な表現はそれぞれ多少の違いはあるので，キャリアは非常に多義的な言葉であると判断されがちであり，その結果，定義をする必要はないとか，単一の定義に集約することはできないと結論づけられる恐れがある。しかし，その多義性は，実は，キャリアのもつ「多面性」を意味するものであって，キャリアの概念そのものが変化したとか多義的であるわけではないと判断される。多面的であるがゆえに，キャリアの研究において，焦点を当てる側面が異なりうるし，時代背景のなかで，ときとして強調する側面が異なることは起こりうる。言い換えれば，キャリアは焦点の当て方によって異なる側面を見せるので，時代によって，理論家によってキャリアは異なるという印象を与えるのではないであろうか。キャリアが多面性をもつものであるとしたら，時代背景や提唱者の背景を統制して，キャリアの概念を正確に把握することは重要なのではないだろうか。

　本書では，多面性ではなく，多くの定義に共通する要素を抽出することによって，キャリアの概念を把握してみたい。

③キャリアに含まれる意味

　ここまで，キャリアの意味を理解するために，普通名詞・動詞と

しての意味から，研究者による定義を概観してきた。その結果，表現されている文言だけを見るとかなり多義的ではある。しかし，上述したとおり，その多義性はキャリアのもつ多面性を意味するものであり，研究者の焦点を当てる側面が異なる結果であるといえる。なぜなら，多様な定義を精査すると，どの定義にも共通するいくつかの概念が底流にあることが明らかとなった。つまり，具体的には表現されていないが，「キャリア」以外の言葉でしか表現できない意味が含まれているのである。別の言い方をすれば，あえて表現しなくても，キャリアという言葉を用いることによって意味される概念があるということである。

　筆者らは，これらの多数の定義を分析した結果，「人と環境との相互作用の結果」「時間的流れ」「空間的広がり」および「個別性」の意味が共通して内包されているという結論に達した。そして，これらの4つの意味を，キャリアの概念に不可欠の要素と位置づけて見ることとした。

(a) 人と環境との相互作用の結果

　キャリアは職業（occupation）や職務（job）と同義語ではないことはすべての定義に共通する。職業や職務の概念を排除するものではないが，キャリアは職業や職務への「個人の働きかけ（work）」に焦点を当てている。シャインはキャリア発達の視点の本質としてダイナミックス（力学）という言葉を用い，「時の経過に伴う個人と組織の相互作用」に注目している（Schein, 1978　二村・三善訳, 1991）。キャリアの定義のなかでは役割と仕事という用語のほうが多く用いられているが，その理由は，役割や仕事のほうが個人と環境との相互作用という要素を明確に示すからである。

　職業も職務も，家事や学業，市民活動もともに個人の行動であり，また，個人の生活環境（生きる場）を構成している要素として捉え

る。多くの定義で「役割」とか「具体的な仕事（work）」という表現を用いるのは，個人と環境との相互作用をより的確に表現できるからであると解釈する。またキャリアが時代によって具体的な意味を異にするのはまさに，個人と環境（時代）との相互関係の結果だからである。

(b) 時間的流れ

　キャリアは一般的な言葉として用いられるとき職業経歴という日本語が当てられていることからも明らかなように，キャリアは，一時点での出来事や行為，あるいは現象を指す言葉でなく，必ず，「時間的流れ」「時の経過」が内包されている言葉である。キャリアの定義のなかに「生涯にわたる……」とか「役割や経験の『累積』」とか，「経験の積みかさね」などという文言が含まれているのは，時間的な経過を表現していると解釈できる。一見異なるように思える「ライフスタイル」という表現も，実は「時間的に長期にわたる経験，生き様の積みかさね」である。

　キャリアが「時間的な経過」を内包する言葉であるということは，たとえば，「いま」という一時点を，過去および未来という時間軸のなかの通過時点という側面から捉えるという意味である。いま経験していることを，過去と未来という時間軸のなかの経験として理解するという意味である。また，キャリアの研究で必ず出会う言葉に「transition」がある。この訳語として「転機」という日本語を当てる人もあれば「移行」という言葉を当てる人もある。発達的な視点に立つ理論家は「移行」を好み，キャリア支援の実践家は「転機」を用いるようである。転機と移行では日本語のニュアンスはかなり異なることは事実である。しかし，どちらも時間的な経過を背景にもっていることでは共通しており，さらに「節目」を意味する点では一致している。

(c) 空間的広がり

　個人の行動は真空地帯で行われるものではない。具体的な空間（環境や場）を舞台として繰り広げられる。スーパーは，ライフ-キャリアについての説明のなかで，人が生涯をとおして少なくとも4つの空間を舞台として様々な役を演じている（1980）と語っている。その空間自体も相互に影響しあいながら，新たな空間として広がっていくし，個人の行動や役割も相互に関連し，影響しあうことで，個々人の生き方を構成していく。キャリアは，個人の関わる個々の行為一つひとつに焦点を当てているのではなく，個々人の関わる行為，仕事，働き，役割の相互関係性と，それらが繰り広げられる空間的（場）関係性と，空間と時間との関係から織り成される広がりに焦点を当てている言葉であることは明らかである。

(d) 個別性

　今野（2003）は，日本においてキャリアという概念が正しく認識されないまま50年以上がたち，「バブル経済崩壊とともにキャリアに対する認識が急務となった」（p.14）ことを指摘した上で，「個人にとっての働く意味や価値」が問われだしたことでキャリアの真の意味を明らかにする必要性が生まれたと説明している。確かに，「キャリア」という言葉を用いる場合（例，キャリア組，専門職），そこには，「決定権をもつ」とか「他人に左右されず，自分の思うようにできる」「自分で選べる」など，自立性，主体性の高い働き方，生き方が共通している。言い換えれば，どの時代であっても，自立性，主体性の生かされる働き方，自己決定，自己選択のできる働き方をキャリアと呼んできたということになる。ここから明らかなことは，自己決定，自己選択，あるいは自立性，主体性という概念は，人間の「個別性（individuality）」を認める姿勢から導き出されるものであるといえるのである。個別性とは，決して単なる興

味や関心，能力を生かすとか自分の好きな生き方ができることではない。

　個別性（individuality）こそキャリアの概念を構成する不可欠で，最も重要な要素である。キャリアの定義のなかに散見される「個々人の独自な体験に限られる」とか「人によって異なるユニークさ」「個人がそれを追求することによってのみ存在する」「人が長期間にわたって抱く自己についての感覚から成る」などの表現からも明らかなように，キャリアは「個別性（固有性）」を内包している。シャインが，個人が「自分自身のキャリアの管理者になること」（Schein, 1978　二村・三善訳，1991）を重視したのは，キャリアの概念に含まれる「個別性」を的確に表現しているといえるであろう。ちなみに，個別性という概念は西欧の文化圏では人間観の根底にある思想であるので，あえて表現されることはない。しかし，日本の従来の価値観のなかでは焦点化されてこなかった。先に引用した梅澤（2001）のキャリアについての解釈は，この「個別性」という要素の欠如を指摘しているのではないかと思われる。

　以上，国内外の文献をもとにして，キャリアという言葉に内包される4つの共通要素を抽出して，仮にここに提示してみた。4つの概念はそれぞれ独立しているものではなく相互に関連しあっていることはいうまでもない。また，ほかにも共通要素はあるかもしれない。本書で取り上げる各理論の解説のなかでもこれらの要素については具体的には表現されていないが，少なくとも各理論の根底をなす価値観であるといっても過言ではないと思う。

（3）キャリア発達論の背景

　本書で取り上げた9名のキャリア行動の研究者たちの理論的背景，ほかの理論家との関係，心理学のなかでの位置づけを表現するために我々が挑戦した成果物が，キャリア発達鳥瞰図である。

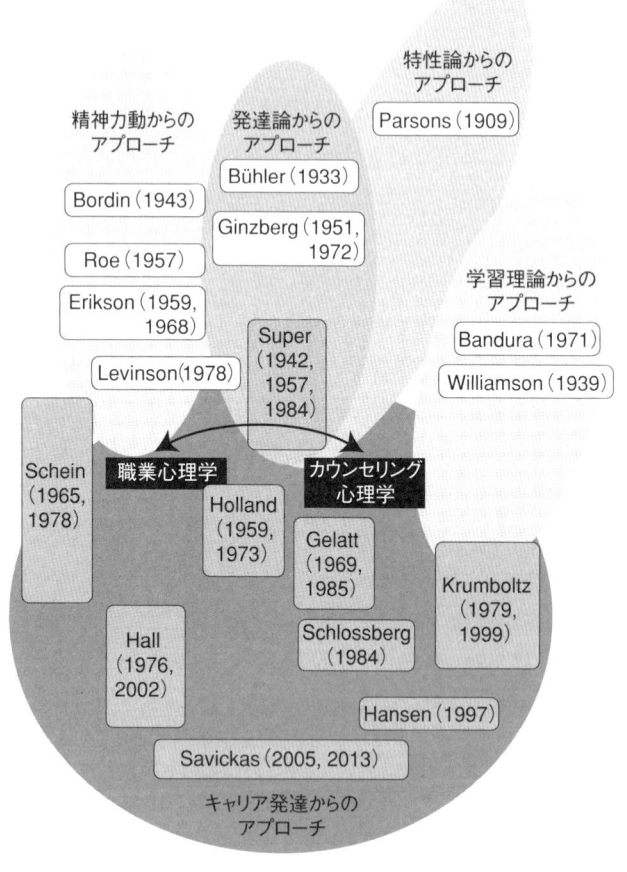

図1-2　キャリア発達論鳥瞰図

注①網掛けは，本書で取り上げる研究者
　②（　）内の年号は，代表的な研究発表年

　日本では，キャリアやキャリア・カウンセリングという言葉は
1990年ごろよりブームというにふさわしいくらいに取り上げられ
ているが，その礎となっている職業（キャリア）心理学ならびにカ

ウンセリング心理学の研究成果は古く，また，心理学に限らず，哲学，教育学，果ては物理学など様々な学問領域からの影響を受け，キャリア行動研究は発展してきた。それらの理論的背景を述べるだけで大著となるが，ここでは，本書で取り上げた研究者たちの理論の特徴を理解するための必要最低限事項として，鳥瞰図内にある各アプローチを簡単に紹介する。

　アプローチとは，各研究者がキャリア行動を理解しようとする際に，何に着目するかを表したものである。本書では，これまでの研究アプローチとして代表的なものとして4つを取り上げた（「特性論からのアプローチ」「精神力動からのアプローチ」「発達論からのアプローチ」「学習理論からのアプローチ」）。それぞれのアプローチの成果は，鳥瞰図が指し示すように，本書で取り上げる研究者が所属する「キャリア発達論」へと統合されていくことになる。

①特性論からのアプローチ

　特性論からのアプローチとは，個人特性と仕事特性の適合（マッチング）によって職業選択を説明しようとするものである。すなわち，個人のもつ特徴と職業が必要とする要件との一致度が高ければ，成功の可能性や満足度が高まると予想する。そのため，このアプローチでは，個人特性と仕事特性を把握するためのパーソナリティテストや職業分類が次々と開発されると共に，両者のマッチングの程度により予測される変数（職務パフォーマンス，職務満足感など）も多数提示された（Knapp & Michael, 1990; Miller, 1974; Prager & Freeman, 1979; Nafziger, Holland, Helms, & McPartland, 1974; Herr & Cramer, 1996 より引用 [1]）。

　人間には個人差があり，その個人差はテストで把握可能なものもある。また，職業が必要とする要件も千差万別である。であるから，それらがうまくマッチングすることがよいというのは容易に理解で

きる。しかし，ミスマッチングであったとしても，希望を変化させて自分の職業的環境と適合させるといった行動も考えられ（Gottfredson & Becker, 1981），それぞれの変数がどのように変化していくのかはこのアプローチでは解明されないという批判もなされている（Herr & Cramer, 1996）。

　特性論からのアプローチにおける研究成果は，個人が自分自身ならびに職業に対する客観的理解を深めるのに貢献するであろう。

②精神力動からのアプローチ

　精神力動からのアプローチは，特性論からのアプローチと同様，個人差を扱うが，個人差のなかでも直接観察できない欲求や動因，さらには無意識に特に着目する。また，幼少期の体験（親の養育態度含む）を重要視し，それが職業選択に影響を及ぼすと考えることも特徴的である。

　精神力動からのアプローチにおける研究成果は，欲求や動因，無意識，幼少期の体験などを原因として取り上げ，個人がなぜそのような職業選択や職業行動をするのかを因果論的に解明するのに貢献するであろう。

③学習理論からのアプローチ

　「学習」とは，ある経験によって新しい行動を獲得したり，今ま

---

(1) これらの研究で用いられた個人差変数は，能力（学業成績，空間的把握，抽象的な推論，事務処理の速さと正確さ，目と手の協働，手先の器用さ），欲求と興味，ステレオタイプや期待，職業に関する価値観，育ったコミュニティの大きさ，親の養育態度，社会経済的な背景，一般的な心理的適応能力，リスクテイキングの程度，希望，職業に関連する情報の種類と量，キャリアマチュリティ（職業選択への態度と能力），性別，人種，パーソナリティ（責任感，誠実さなど），学業における専攻領域などであった。一方，従属変数としては，学業における成功，研修での成績，職業やカリキュラムにおいて何を選択するか，現実的な決定ができるか，職務満足感などが取り上げられた。

でとは異なる行動ができたりするようになることである[2]。このため，学習理論からのアプローチでは，キャリアにおける意思決定の要因として，遺伝的特性や環境に加えて，学習経験の影響が特に重視される。たとえば，動物を扱う職業に就きたいという人は，児童期に学級で飼育していた動物をうまく扱った際，先生や友人から頼られたり褒められたりといった肯定的な評価を得た結果，その行動（動物を扱う）が強化され，その行動を維持するような職業に就くなどと説明される。

　学習理論からのアプローチにおける研究成果は，個人が新たに必要になった職業行動をどのように身につけるのかを，実践的に理解するのに貢献するであろう。

④発達論からのアプローチ

　発達論からのアプローチは，職業選択の一時点にとどまらず，生涯にわたるキャリア発達の解明に焦点を当てている点が特徴的である。たとえば，職業選択も人生における一度きりのイベントではなく，生涯にわたるプロセスであると捉え，変化する自己と状況のなかで，人と職業のマッチングの過程は決して完全には達成されず，断念と統合の過程こそキャリアであると考える（Super, 1990）。

　発達論からのアプローチにおける研究成果は，生涯をある一定の段階に分け，それぞれの段階に特有の危機や課題を説明することから，それに対処するために必要な事柄を理解するのに貢献するであろう。

（4）社会構成主義とは

　社会構成主義（social constructionism）の研究は，1994 年にガ

---

(2) より詳しくは，第6章クランボルツを参照。

ーゲン（K. J. Gergen）が著した著書『もう一つの社会心理学　社会行動学の転換に向けて』（Toward transformation in social knowledge）が大きな転機となり，知識の拠り所を個人の理性に求める西洋文化の伝統に代わる新しい知識の概念として，学問分野，職業，国の違いを超えて広まった。たとえば，知識を形成する言葉の意味はすべて社会的な相互作用，つまり関係性から生じていると主張する関係性理論（relationship theory）の立場から「自己概念」が論じられ，「自己についての語り」（narrative）が注目されている。社会構成主義は，最近のキャリア理論の基盤となっているといえるだろう。

　社会構成主義は，私たちが何気なく使っている言葉を，より注意深く丁寧に理解する大切さに気づかせてくれる。言葉は，各個人がこれまで社会で生きてきた経験に裏打ちされて意味づけられている，つまり社会的に構成されたものなのである。カウンセラーは，たった一つの単語であっても，各個人によって異なる意味をもつ可能性があることを常に意識しなければならない。各個人が使う言葉の意味をきちんと尋ねて理解することが，カウンセリングにおいて対話を進めていく際の基本となる。

　一方，2012 年にアメリカカウンセリング学会が出版した "The Evolution of Theory in Counseling Psychology" の理論編の中心概念は「文脈主義（contextualism）」であった。様々な理論の統合が説かれ，社会が変わって構造が複雑になっていくなかで文脈主義に行きつくとまとめられている。個人の認知そのものが社会との関係のなかで起こっているので，本人との相互作用，そして社会との相互作用に焦点を当てる。文脈主義とは，環境のなかにいる人間という意味だけではなく，個人とはその人の生きてきた経歴（Individual is a history）だという要素も含んでいる。"history" は "his story" とも読める。つまり，時間軸と場（＝空間軸）を見るのが

文脈主義といえるだろう。

　文脈主義は，文脈のなかで個々の事象を捉える重要性を強調し，今まで個人が生きてきた時間軸と，ここに存在する個人がおかれた環境，つまり空間軸を意識することを喚起してくれる。

　臨床的にいうと，「クライアントは時間軸と場で見る」というアプローチと同じことである。「キャリア」は人と環境との相互作用の結果として形成されるので，時間軸と場をつなげられる概念である。心理学では，認知心理学が「場」，発達心理学が「時間軸」というふうに切り取り過ぎの傾向があるが，生きている一人の人間を相手にするカウンセリング心理学では，時間軸と場の両軸から人を見ることは基本である。

　社会構成主義と文脈主義は，焦点を当てるところが違う部分もあり，重なる部分もあるが，どちらもカウンセリングでは重要な視点となっている。社会構成主義は，言葉が社会的に構成されていることを強調し，言葉に敏感になるように促している。文脈主義では，そこにいる一人の人間に焦点を当てることを強調している。もちろん言葉はコンテクスト（＝文脈）を表すし，コンテクストからできあがってくるものでもある。社会構成主義は「作られる」ということを重視し，文脈主義は「作られる要因」に焦点を当てているように思われる。症状だけでなく，その人がおかれている状況を理解しないといけない。すべては変化していく。ある変化がすべての変化につながっていく。パーソナリティだけではない様々な要因が影響しているということだ。

　社会構成主義も文脈主義も，物事の見方の基礎であり，原理原則を示してくれている。個を支援するキャリア・カウンセラーにぜひ知っておいてもらいたい哲学的な土台である。

フランク・パーソンズ（Frank Parsons）
キャリア発達の父

　キャリアの心理学およびキャリア支援活動の発展を先導してきた「全米キャリア発達協会（National Career Development Association）」はその創立100年の記念にあたり，フランク・パーソンズの著「Choosing a Vocation」（1909）の復刻版を出版した。さらに協会の機関誌の特集「American Career Development Idols」（2011）の，キャリア発達の研究と実践に貢献した人々を紹介した記事の中で，トップ3名の貢献者として，スーパー，ホランドと並んでフランク・パーソンズ（1854-1908）が紹介されている。

　パーソンズは，イギリス生まれのアメリカ人であり，土木工学のエンジニアでありながら，教育学，法律を学び，徐々に若者の教育に価値を見出し，社会改革運動家として，移民の若者や義務教育終了後失業している若者の自立を目的として，ボストンの市民厚生館やYMCAで，若者の個別カウンセリングを実施した。その活動こそ現在のカウンセリングのルーツといわれている。その理由は彼が自著のなかで，職業選択のプロセスとして「真の推論（true reasoning）」という3つのステップを解説したことによる。このモデルは，「人には選択する力があること，および人と職業とマッチングさせるためには守るべき順序性と合理的行動があること」の2点を援助の理念としていたからである。

　20世紀初頭は心理測定の基礎ができた時期であるが，職業カウンセリングのモデルの開発やキャリア行動の理解，クライアントの文化的背景がカウンセリング（相談）に与える影響などについては理論も科学的基礎もなかった時代に，職業

カウンセリングの3ステップ方式を提唱したパーソンズの洞察力と実行力は天才的であり，後の特性・因子的アプローチ論をキャリア発達カウンセリングに発展させるきっかけを作った（Protivnak, 2011）ともいわれている。

　日本においては職業指導（進路指導）のモデルとして多大な影響を与えた。日本においては，パーソンズは，古典的な職業（進路）指導の祖としては知られているが，「キャリア発達の父」として紹介されることはほとんどない。その理由は，彼が提唱し実践した「真の推論（true reasoning）」がカウンセラーのクライアント一人ひとりを援助する行動としてではなく，職業指導のカリキュラムとして紹介されたためではないかと思われる。

【参考文献】

Arnold, J., & Jackson, C.　1997　The new career: Isues and challenges. *British Journal of Guidance and Counseling,* **25**(4), 427-434.

Arthur, M. B., Hall, D. T., & Lawrence, B. S.　1989　Generating new directions in career theory: The case for a transdisciplinary approach. In M. B. Arthur, D. T. Hall, & B. S. Lawrence (Eds.), *Handbook of career theory.* Cambridge, England: Cambridge University Press. pp.7-25.

Baltes, P. B.　1987　Theoretical propositions of life-span developmental psychology: On the dynamics between growth and decline. *Developmental Psychology,* **23**, 611-626.（東　洋・柏木恵子・高橋恵子監訳　1993　生涯発達の心理学 1. 新曜社　pp.123-204.）

Fouad, N. A. (Ed.)　2012　*APA handbook of counseling psychology.* Washington, DC: American Psychological Association.

Gergen, K. J.　1994　*Toward transformation in social knowledge* (2nd ed.). London: Sage.（杉万俊夫・矢守克也・渥美公秀監訳　1998　もう一つの社会心理学―社会行動学の転換に向けて　ナカニシヤ出版）

Gergen, K. J.　1994　*Realities and relationships: Soundings in social construction.* Cambridge, MA: Harvard University Press.（永田素彦・深尾　誠訳　2004　社会構成主義の理論と実践―関係性が現実をつくる　ナカニシヤ出版）

Gergen, K. J.　1999　*An invitation to social construction.* Thousand Oaks, CA: Stage.（東村知子訳　2004　あなたへの社会構成主義　ナカニシヤ出版）

Gottfredson, L. S., & Becker, H. J. 1981 A challenge to vocational psychology: How important are aspirations in determining male career development? *Journal of Vocational Behavior*, **18**, 121.

Hall, D., & Associates.(Eds.) 1996 *Career is dead — Long live the career: A relational approach to career*. San Fransisco: Jossey-Bass.

Herr, E. L., & Cramer, S. 1996 *Career guidance and counseling through the life span: Systematic approach*. New York : Harper Collins.

Jepsen, D. A., & Choudhuri, E. C. 2001 Stability and change in 25-year occupational career patterns. *The Career Development Quarterly*, **50**(1), 3-9.

金井壽宏 2001 キャリア支援の課題：学校から社会への節目に何ができるか，第1回 GCDF Japan キャリアディベロップメントカンファランス報告書

川喜多 喬 2005 キャリアという言葉の歴史から考える 文部科学教育通信，**115**, 22-23.

Knapp, L., & Michael, W. B. 1990 Relationship of work values to corresponding academic success. *Educational and Psychological measurement*, **40**, 487-494.

國分康孝 1980 カウンセリングの理論 誠信書房

今野能志 2003 企業におけるキャリア・カウンセリングの課題 日本労働研究雑誌，**517**, 4-23.

McDaniels, C. 1978 The practice of career guidance and counseling. *UBFORM*, **7**, 1-2, 7-8.

Miller, C. H. 1974 Career development theory in perspective. In E. L. Herr (Ed.), *Vocational guidance and human development*. Boston: Houghton Mifflin.

文部科学省 2004 キャリア教育の推進に関する総合的調査研究協力者会議報告書

Nafziger, D. H., Holland, J. L., Helms, S. T., & McPartland, J. M. 1974 Applying an occupational classification to the work histories of young men and women. *Journal of Vocational Behavior*, **5**, 331-345.

Parsons, F. 1909 *Choosing a vocation*（A reprint of the original 1909 work）. Washington, DC: National Career Development Association, 1989.

Protivnak, J. J. 2011 American career development idols. *Career Development*, **27**(3), 5-8.

Pranger, K. J., & Freeman, A. 1979 Self-esteem, academic competence, educational aspiration and curriculum choice of urban community college students. *Journal of College Student Personnel*, **20**(5), 392-397.

Raynor, J. O., & Entin, E. E. 1982 *Motivation, career striving, and againg*. New York: Hemisphere.

Schein, E. H. 1978 *Career dynamics: Matching individual and organizational needs*. Reading, MA: Addison-Wesley.（二村敏子・三善勝代訳 1991 キャリア・ダイナミクス—キャリアとは，生涯を通しての人間の生き方・表現である 白桃書房）

Super, D. E. 1990 A life-span, life-space approach to career development. In D. Brown, L. Brooks, & Associates(Eds.), *Career choice and development*. San

Francisco: Jossey-Bass. pp.197-261.

内田伸子　2006　発達心理学の旅への誘い―『発達心理学キーワード』を編集して
　　―　書斎の窓9月号　有斐閣

梅澤　正　2001　職業とキャリア―人生の豊かさとは―　学文社

渡辺三枝子・ハー, E. L.　2001　キャリアカウンセリング入門―人と仕事の橋渡し
　　ナカニシヤ出版

やまだようこ　1995　生涯発達をとらえるモデル　無藤　隆・やまだようこ編　講
　　座　生涯発達心理学　第1巻　生涯発達心理学とは何か―理論と方法―　金子
　　書房　pp.57-92.

矢野喜夫　1995　発達　岡本夏木・清水御代明・村井潤一監修　発達心理学辞典
　　ミネルヴァ書房　pp.552-553.

2 ドナルド・スーパー　Donald E. Super
現象学的アプローチの追究

　スーパー（Donald E. Super: 1910−1994）は84年の人生を閉じるまで，激動の20世紀という時代のなかで，「個々人の生涯発達を支援する」という最終的目標を目指した研究者であり，実践家である。

　彼が生涯貫いた姿勢は，生涯にわたるキャリア発達の様相や時間的変化と，その影響要因を解明してきたもの [1] であり，理論の構築には至っていない。したがって，彼は，自分の主張を（あたかも完成した）「理論」と呼ばれることを折に触れて否定してきた。スーパー自身の言葉を引用するならば，「出版物で自己概念の理論家として紹介されているのは一般的には理解できないわけではない

---

(1) 主としてコロンビア大学でのギンズバーグらの同僚や，後にキャリア・カウンセリング心理学者として活躍する当時の指導学生たちとの共同研究がある。また，英国や日本を含む研究者とも共同研究を生涯続けてきた。これらの研究成果である多くの論文から，スーパーの「個人と現実社会との相互作用を直視する」思考が，国際的に影響を与えてきた。日本においては，彼の古典的な書物の一つである『The psychology of careers（職業生活の心理学）』（1957）が，日本職業指導学会訳『職業生活の心理学』として1960年に出版された。あわせて，当時の中等教育における「職業指導」は「進路指導」と改称され，青少年に対する教育的役割を定義するにあたり，スーパーの理念が反映された上で改訂されたのである。

が，自分は，自己概念の理論家と異なり，自己概念と，自己を取り巻くとともに客観的な状況的（社会的・経済的）諸事象の関係を視野に入れて個人の生涯発達を理解しようとしているのである」（1972）と述べ，自身の実証的，研究的立場を理論ではなく，「現象学的理論的アプローチ」と表現し続けてきた。

本章では，社会・経済的環境や文化の影響をも検討しながら，「事実」に迫ろうとした50余年にわたる研究の変遷を紹介する。そこから，スーパーの提唱する理論的アプローチの根源と，彼の考える現代社会に求められるカウンセラーの独自な役割を理解する一助となることを期待する。

1. 個人的背景

スーパーは，自分のキャリアを理解する上で，家族の影響は不可欠である，と述べている（1990）。両親はミズーリ州出身で，父親はYMCAに勤務していたため，転勤が多かったという。スーパーは，父がホノルルのYMCA事務局長時代，1910年に生まれ，6年間ホノルルで幼少期をすごした。その後，父がニューヨーク市に転勤になったため，ニュージャージ州モントクレアで小学校教育を受け，12歳のとき，家族とともにポーランドにわたり，スイスで中等教育を受けた。家族がヨーロッパにいたため，オックスフォード大学に進学し，主として，哲学，政治学，経済学，歴史学を学んだ。心理学も学習したが，主専攻ではなかった。

なお，父親はYMCAでも軍隊でも人事，人事教育を専門とし，息子であるスーパーが後に指導を受けることになったコロンビア大学のソーンダイク（E. L. Thorndike）およびキルパトリック（W. H. Kilpatrick）とともに働いた。ちなみに母親は当時としては珍しく修士号を取得し，代数とラテン語の教員，およびサタディ・イブ

ニング・ホストの編集記者として働いた経歴をもつ，という家庭環境のなかでスーパーは育った。

　スーパーは，大学卒業と同時にアメリカに戻り，クリーブランドYMCAで若者の職業紹介を担当し，同時に，フェン大学（現在のクリーブランド州立大学）に非常勤講師として勤務した。彼は，YMCAでの相談活動を通して，雇用と職業指導，および，人事関係の実務の仕事から多くの経験をした。特に，スーパーはこのような体験から失業問題に関心をもつようになり，経済学を背景としながらも，個人の失業問題と職業生活に立ち向かう個人の問題，失業状態に立ち向かう個人の態度に焦点を当てて，業務に取り組むようになった。

　25歳のとき，クリーブランド・ガイダンス・サービスという施設の専従所長に就任してから，職業心理学の研究を生涯のテーマとし，この分野での博士号を取ろうと決心した。スーパーのキャリアのなかでの重要な節目となったコロンビア大学教育学部（Teachers College）への進学はどのようにして選択されたのであろうか。スーパーのメンターとなったキトソン（H. D. Kitson）との出会いについて，次のように回顧している。フェン大学で講師を務めていたとき，フェン大学の学長の示唆で，1934年クリーブランドで開催されたNVGA（全米職業指導協会，現在のNCDA）の年次大会にはじめて出席した。そこで職業指導の熱烈な主張者であり擁護者として有名なキトソン教授と出会った。その翌年夏コロンビア大学教育学部が主催した職業指導の夏季短期講座に出席し，キトソンの職業指導のコースを受講した。この経験がもととなって，コロンビア大学大学院の学生となったという（Savickas, 1995）。ちなみに，1925年にキトソンの著した『Psychology of Vocational Adjustment（職業適応の心理学）』は，心理学を用いて職業指導を解説し，職業適応を論じた最初の総合的著作であり，かつ相関係数の代わりに確

率分布の使用を提唱した書としても最も古いものであるといわれている（Miller, 1995）。その後ソーンダイク（E. L. Thorndike）の勧めでクラーク大学に就職（1938 〜 1942）し，1940年にコロンビア大学から学位を授与された。スーパーは卒業時に職業問題研究に進むか最新のフロイト派の訓練を受けるか悩んだが，結果的に臨床心理学，産業心理学，教育心理学およびガイダンスについて，高次元での統合を図ろうとの構想をもつに至った。空軍勤務（1942 〜 1945）時代には，空軍乗務員選抜のための大規模研究プロジェクトに3年間従事，空軍病院では心理臨床室長として臨床現場も1年間経験した。キトソンとの師弟関係は除隊後，スーパーがコロンビア大学教育学部（Teachers College）教授（1945 〜 1975）に就任してから一層深まり，キトソンが1951年に引退するまで続いた。

2. 理論的背景

(1) 現象学的心理学の追究

　スーパー自身は自分が既存の理論的立場に当てはめられて，理論家と呼ばれることを好まなかった[2]。そのため，多数の理論家らから，理論の寄せ集めであると批判されることがある。

　1950年代まではキャリア発達の研究グループや理論家はだれでも，職業的行動に影響を及ぼす個人の内的経験を理解する手段として，心理学の理論に基づく構成概念を提示してきた。そのなかで，スーパーは1950年代初めにパーソナリティ理論のなかで急速に注目されだした自己概念の現象学的視点を職業行動の解釈に応用しよう

---

[2] スーパーは，1951年と1963年に『自己概念の理論』という著書を出版しているが，自己概念を中心とする理論家と呼ばれることをあまり好まず，現象学的心理学者を自認している。

とした心理学者であることを自認した（Blustein & Noumair, 1996）。

　1960年代に，スーパーは，キャリア発達（当時は職業的発達）を「自己概念（複数）の形成，職業的用語への翻訳，そして実現の過程」と仮定し，キャリア発達と個人の全人的発達とは密接に関係しているという立場にあることを明らかにした（Herr, Cramer, & Niles, 1996）。当時，オシポウ（Osipow, 1968）はスーパーのこのようなアプローチを発達的自己概念理論と呼んだ。しかし，スーパーは自分のアプローチに対する周囲の理解に対して，カウンセラーとしての実践的経験と実証的研究[3]から，職業的自己概念には，職業的言葉（例：教師など具体的な職業名）で自己概念を表現する「職業的語り（occutalk）」過程と，職業的言葉を使わず（例：人に教えることが好きなど）自己概念を表現する「心理的語り（psychtalk）」の両面があり，両者が統合される過程で職業的自己概念が形成されることを強調した。このように職業的自己認知に対する様々な先入観を排して事象そのものを自らあらわそうとしたスーパーは，1950年代から60年代に中心となっていた自己心理学に自身が分類されることにも疑問を抱き，自分の理論的立場を尋ねられると，「最も適切に説明するとしたら，差異—発達—社会—現象学的心理学（differential-developmental-social-phenomenological psychology）と説明した」（Osipow, 1968）。そのために，「寄せ集め」と誤解される結果ともなった。また後に，自分が多様な心理学者の影響を受けながら，職業選択・適応過程という事象そのものを理解しようとしたので，自分のアプローチを「現象学的心理学」と紹介するに至った，と述べている（Pappas, 1978）。[4]

---

[3] 「職業的語り」と「心理的語り」が統合される過程で職業的自己概念が形成されることは，15歳の少年約100余名を対象とした縦断的追跡研究の結果に基づく（Super et al., 1963）。

　1960年代のスーパーは研究者として自分の理論的立場の明確化に苦慮していたらしいことが彼の1990年の回顧的文章から読み取れる。すなわち，1963年の論文のなかで，自分がケリィ（G. Kelly）の提唱したパーソナル・コンストラクト⁽⁵⁾の概念を用いた方が，自分の自己概念がもつ「自己と環境との二元論的な意味」をより明確に説明できると以下のように述懐している。すなわち，自己概念とは，個人が自分自身をどのように感じ考えているか，自分の価値，興味，能力がいかなるものかということについて，「個人が主観的に形成してきた自己についての概念」（主観的自己）と「他者からの客観的なフィード・バックに基づき自己によって形成された自己についての概念」（客観的自己）の両者が，個人の経験を統合して構築されていく概念である。また，自己概念とは多面的な構造からなっており，キャリアに関する側面がキャリア自己概念であり，キャリア発達をとおして形成されていくと考える（Super, 1963）。

　したがって，個人のキャリアは「自分自身とその環境についてのその人なりの解釈，意味づけが主要な決定要因である」ともいえる。自己概念を形成する過程には，自己および環境の探索，自己と他者

---

(4)『岩波哲学・思想事典』（1998, p.461の要約）によると，現象学とは，あらゆる先入観を排して，あくまでも経験の中に，知識の原理として機能する原型を探るという。「事象そのものへ」帰って出発しようとする姿勢，つまり，事象そのものが自ら現れ出る仕方を方法として生かそうとする。言い換えれば，事実の本質を直観によって捉えようとする学（フッサール），実証主義に見られる要素還元主義を廃し，また，生の哲学に見られるような非合理的生にも立脚せず，あくまでも経験のなかに，知識の原理として機能する原型を探ろうとする姿勢，要するに「事象そのものへ」という研究格率に見られるように，さまざまな先入見を排して，事象そのものが自ら現れ出る仕方を方法として生かす哲学の理念と一つの基本的な立場を表明する名称。

(5) パーソナル・コンストラクト：ケリィが提唱したパーソナル・コンストラクト理論の中心的概念で，個人的構成体，個人的構成概念とも訳されている。個人が自分をとりまく環境を解釈し，事象を予測する際に用いる判断の枠組みをパーソナル・コンストラクトと呼ぶ（『社会心理学用語辞典』を参考）。

の相違化，モデルとなりうる他者との同一視，現実吟味（結果の評価）をとおしていくつかの役割を抽出しそれらを演じる等の行為が含まれる。

　スーパーは，当時のカウンセリング心理学に強い影響を与えていた「自己概念」のアプローチが主観的自己認知を中心としていたことに関して，自分のアプローチとは異なると説明している。すなわち，スーパーは実証的追跡研究の結果などに基づいて，キャリア自己概念は一つではないこと，さらにある特定の時期に決定されるものでないこと，および，キャリア発達（当時は職業的発達）は「自己概念（複数）の形成と，その自己概念の社会的用語への翻訳をとおして，結果として自己概念の実現が達成される過程」という考え方を提唱した。彼は，自己概念は一つではないし，またある時期（特定の発達段階）に決定されるものでもないこと，言い換えれば，自己と他者，自己と複数の環境との相互作用のなかで修正，調整されると仮定していた（Super, 1972）。したがって，1950 年代までの職業心理学の中心となっていた特性因子理論では説明できないし，また，他方で，失業した若年者の職業カウンセラーとしての体験から，主観的自己概念が中核になりすぎている現象学的アプローチ中心では，現実社会に生きる個の職業的発達研究には不十分であるという結論に至った。

　さらに，彼は，カウンセリング心理学者として，「行動の主体としての個とその自己概念」に立脚しているが，行動の主体である個人は同時に「変動し続ける社会との関係の中で自己を形成して，発達していく」ことにも注目したので，一つの心理学的視点だけで個人のキャリア発達の理論を構成することには納得できなかった。

　また，スーパーは，20 年余に及ぶ縦断的な追跡研究の過程で得た知見から，1972 年には，職業的発達の理論が完全なものではないことを指摘した上で，その時点では，適性，興味への動機づけ，

価値，欲求理論などを含むいわゆる職業に関する応用差異心理学，生活段階および発達段階過程，キャリア発達の類型，職業的成熟の心理学，そして，意思決定の現象学が自分の職業発達に関する理論的アプローチを構築していると説明し，その結果として，自己概念の修正と適応の過程が明確になるはずと考えた。

1980年代以降は社会・経済・文化的環境の変動が人々のライフスタイルの変化に影響しだしていることを直視するとともに，たとえ種々の外的環境のなかにあっても，個人は自己自身を決定でき，自己とその環境を自分自身の方法で形成することができるという人間観と，役割行動の視点をキャリア発達上の重要な決定要因である，という仮定に立って国際的比較研究に取り組み，役割行動の視点を導入して，キャリアよりも広い「働くこと（working）」という行動に注目する必要性を指摘した。

(2) 差異心理学との関係（人と職業との適合）のダイナミズム

スーパーは，人と職業との適合性（fitness）を重要な概念の一つとしている。

スーパーが自分を自己概念の理論家と位置づけたくなかった理由は，当時の自己概念の理論が個人の主観的認知の側面のみに焦点を当てて，理論構成をしていたことに納得できなかったからである。彼は，個人が自己をどのように認知するかは，職業選択をはじめすべての人間の行動に影響する構成概念であることは認めている。しかし，職業選択，就職，適応，昇進，そして退職など一連の行動のダイナミズムは，人と職業および人と社会環境との相互関係のダイナミズムでもあることを理念としており，その一つの行動として「人と職業との適合（vocational fitness）」，いわゆる職業適応も重要な概念であると考える。カウンセラーとして，自己概念の実現を援助することをめざすとしたら，個人が，職業や環境との関係のなか

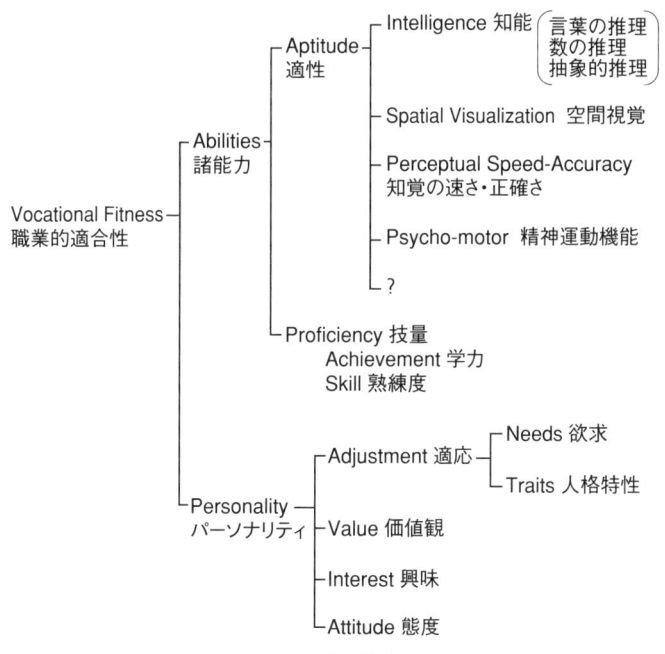

図2-1　職業的適合性の構造(Super, 1969)

での自己概念の現実吟味を援助することは重要なプロセスとなる，という意味である。言い換えれば，個人と職業との関係において，主観的に認知した自己および環境についての概念だけでは現実的な職業選択および職業適応という行動にはなりえない。これは彼の重要な理論的アプローチである。

　彼は，こうした自分の理論的アプローチを，差異心理学に基づくものと説明し，特性因子論と区別している。その理由について，特性因子理論は個人の特徴をいくつかの先験的な特性に分けているが，自分は，差異心理学を応用して，個人間にある「差異性」に注目している。さらに，特性因子論に立つカウンセラーが，個人の特性と職務遂行条件との一対一の「静的結びつき」を重視して援助す

るのに対して，自分は，差異心理学の「個人と職業との関係のダイナミズム」に注目して人の職業との適合の過程や職業行動を説明するアプローチのほうがカウンセラーにとって有意義であると考えると説明している。

スーパーは，人と職業との適合のダイナミズムを解釈し，かつそれを適切に評価して，職業選択を援助するための手段として，職業適性の図を提示した（図2-1）。図のなかでいう能力とは，心理学的に厳密な意味をもったものと定義され，適性（aptitude）と技量（proficiency）に分けられる。適性は，「（心理学でいう）何かできるか」や「達成するであろう可能性」を示す概念であり，技量は，現在到達している状態を表しており「現在何ができるか」を示す概念である。技量は，学力とスキルに分けられ，技量が学業に現れた場合は学力（achievement），仕事に現れた場合は熟練度（skill）と呼ばれる。

パーソナリティは，欲求（needs），人格特性（traits），価値観（value），興味（interest）からなる。これらは並記されるべきものかもしれないが，ここで適応（adjustment）という語を加えたのは，欲求と特性が一緒になって，一つの行動に統合される場合が多いからとしている。

(3) 発達心理学との関係

スーパーは，シャーロッテ・ビューラーの行った自叙伝分析に基づく生活史の研究および生活段階という概念（1933）に大きな影響を受け，発達心理学の視点を，職業的選択と適応に応用して，人生の段階説を構築し，職業適応のダイナミックスに注目したと述べている（1942）。また，ハヴィガーストの発達課題論（Havighurst, 1953）の影響も受けて，ギンズバーグ（E. Ginzberg）らの研究グループとともにスーパーは職業発達研究に従事した。

　さらに，スーパー自身，大学院生らとともに，これらの発達的理論を精緻化するために，人口2万余の町の9学年生（13から14歳）100名余の少年たちを20年間追跡する「キャリア・パターン研究」を開始した。この長期にわたる縦断研究過程で，生活段階と発達的課題についてそれらが妥協統合されていくという洞察を得た。と同時に，1970年代以降，社会環境の変化の影響と個人の発達との関連にも直面せざるをえなかった。そうした実証的研究の過程が一つの図にまとめられたものが，ライフ・ステージ/サブステージの図（図2-2）であり，さらにはキャリア・アーチの図（図2-4）に発展したのである（Super, 1994）。

シャーロッテ・ビューラーについて

　シャーロッテ・ビューラー（C. Bühler）は生涯過程の心理学をはじめて開拓したオーストリア人の心理学者。個人の生涯過程の事例資料に基づいて，客観的な生物学的側面と，意図や課題意識，意思決定などの主観的内面的側面，さらに所産や作品などの外的生産的側面によって研究した。彼女はそのなかで，生涯過程図式等の作業概念を発案し，最終的には，生涯過程構造の理論化を行った。この生涯発達過程の心理学については，現在あまり言及されないが，それは現代の生涯発達心理学の先駆けである（矢野，1995）。

---

3. 理論上の主要概念

(1) ライフ・スパン

　スーパーは，社会変化の激しい時代に生きる個人のキャリア発達

の概念構築において，1980年以降，個人の発達に「時間」と「役割」の概念を取り込み，それらに影響を与える決定要因とその相互作用を含む包括的アプローチとして，ライフ・スパン/ライフ・スペースの理論的アプローチを提起した（Super, 1980）。

　人生構造は，一度構築されても固定的ではなく，発達的なコースを進みながら，ときに再構築を必要とする。スーパーは，一生涯を通じて行われる選択や変化を予測可能なものとして説明するために，個人のキャリア上に「ライフ・スパン」という発達的な視点を盛り込んだ。ライフ・スパン（後述のライフ－キャリア・レインボーの時間軸）は，人生の発達段階を描写し，仕事とその環境や状況に適応するライフコースに焦点を当てている。

　個人のキャリアは，心理社会的成熟や環境適応についての課題を達成するにともない発達していく。キャリア発達は，暦年齢にゆるく関連した予測可能な発達的課題，あるいは年齢との関係をもたず不連続で予測不能な適応課題によって促される。図2-3（p.49）のなかで描写された虹の外側のバンドは，ライフ・ステージの予測可能なコースを示している。このことを階段状のモデルとして表現したものが職業的発達段階（図2-2）である。スーパーは，生涯を通じた一連のライフ・ステージをマキシ・サイクルと呼び，成長段階（0〜14歳），探索段階（15〜24歳），確立段階（25〜44歳），維持段階（45〜64歳），解放段階（65歳以上）という5つの段階で構成されているとしている。各段階における発達課題は，表2-1に示すとおりである。

　個々の主要なライフ・ステージにおける課題は，複数の主要な発達的課題の連続として描写される。それぞれの発達的課題を達成していくことは，学生，労働者，あるいは親として有効に機能することであり，また，次段階の発達的課題達成の基礎を築くこととなる。

しかしながら，ある段階の課題への取り組みを避けその課題を達成することなく放置したままにすることは，後の段階での課題達成を困難にすることにつながる。

さらにスーパーは，それぞれの発達段階の間には，暦年齢にゆるく関連した「移行期（Transition）」があるとし，さらにその移行期にはミニ・サイクルが含まれるとしている。ミニ・サイクルとは，ある段階から新たな段階へ進むための意思決定の過程であり，新たな成長，再探索，再確立といった再循環（リサイクル）が含まれる。

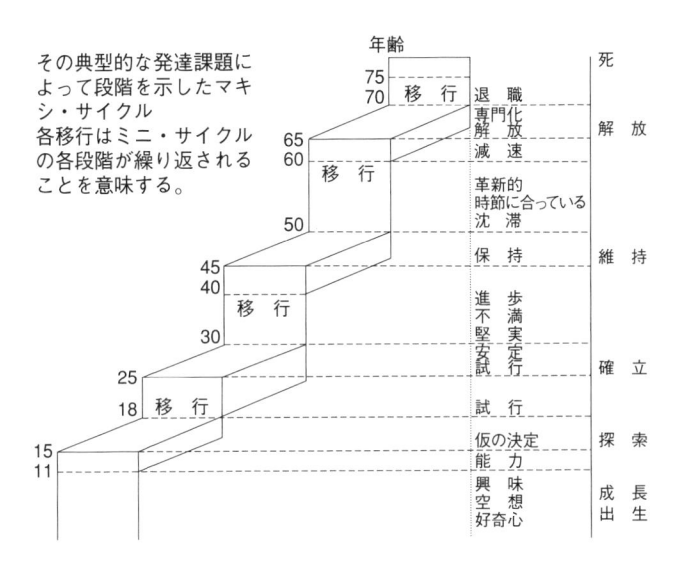

図 2-2　ライフ・ステージ（マキシ・サイクル）とサブステージ（ミニ・サイクル）
(Super, 1985)

このことは，生涯キャリア発達が階段状の直線的な変化だけではなく，ミニ・サイクルを経ながら，らせん状に発達していくことを意味している。

表2-1　キャリア発達の諸段階と発達課題

ライフ・ステージ	特徴	サブステージ	課題
成長段階 誕生 〜	自己概念は，学校・家庭における主要人物との同一視を通じて発達する。欲求と空想はこの段階の初期において支配的である。興味と能力は社会参加と現実吟味の増大にともない，より重要となる。自助や社会とのやり取りや目標設定などの行動を学ぶ。	・空想期（4〜10歳） 欲求中心・空想のなかでの役割遂行が重要な意義をもつ。 ・興味期（11〜12歳） 好みが志望と活動の主たる決定因子となる。 ・能力期（13〜14歳） 能力により重点がおかれる。職務要件（訓練を含む）が考慮される。	どのような人なのかについての考えを発達させる。 仕事世界への志向性や働く意味の理解を発達させる。
探索段階 15歳 〜	学校・余暇活動・パートタイム労働において，自己吟味・役割試行・職務上の探索が行われる。	・暫定期（15〜17歳） 欲求・興味・能力・価値観・雇用機会のすべてが考慮される。暫定的な選択がなされ，それが空想・討論・仕事などのなかで試みられる。 ・移行期（18〜21歳） 労働市場や専門訓練に入り，そこで自己概念を充足しようと試みる過程で，現実への配慮が重視されるようになる。 ・試行期（22〜24歳） 表面上適切な分野に位置づけられると，その分野での初歩的な職務が与えられる。そして，それが生涯の職業として試みられる。コミットメントは暫定的なものであり，職業が適切でない場合は，好みの具体化・特定化・実行が再度行われる。	職業的好みが具現化される。 職業的好みが特定化される。 職業的好みを実行に移す。 現実的な自己概念を発達，より多くの機会についていっそう学ぶ。
確立段階 25歳 〜	適切な分野が見つけられ，その分野で永続的な地歩を築くための努力がなされる。この段階の初めにおいて，若干の試行が見られる場合がある。その結果，分野を変える場合もあるが，試行なしに確	・試行期・安定期（25〜30歳） 選択した職業に落ち着いたり，永続的な場所を確保する。自分に適していると考えた分野が不満足なものだとわかる場合もあり，その結果，生涯の仕事を見出さないうちは，あるいはその仕事が関連のない職務のつながりだということがは	希望する仕事をする機会を見つける。 他者との関わり方を学ぶ地固めと向上。 職業的地位の安定を築く。 永続的な地位に落ち

	立がはじまるものもある。	っきりしないうちに分野を1～2回変更することがある。 ・向上期（31～44歳） キャリアパターンが明確になるにつれて、職業生活における安定と保全のための努力がなされる。多くの人にとって、創造的な時期である。	着く。
維持段階 45歳 ～	職業の世界である地歩をすでに築いているので、この段階での関心はそれを維持するところにある。新しい地盤が開拓されることはほとんどなく、すでに確立されたパターンの継続が見られる。向上期にある若手との競争から現在の地位を守ることに関心がよせられる。	なし	自らの限界を受容する。 働き続ける上での新たな問題を明らかにする。 本質的な行動に焦点を当てる。 獲得した地位や利益を保持する。
解放段階 65歳 ～	身体的、精神的な力量が下降するにつれて、職業活動は変化し、そのうちに休止する。新しい役割が開発される必要がある。いわば、最初は気が向いたときだけの参加者、ついで傍観者としての役割をとるようになる。退職によって失ったものの代わりとなる満足源を見つけなければならない。	・減衰期（65～70歳） 場合によっては定年のときであり、ときには維持段階の後期にあたる。仕事のペースは緩み、職責は変化し、下降した能力に合わせて仕事の性質が変わる。多くの人は、常勤の仕事の代わりに非常勤の仕事を見つける。 ・引退期（71歳～） 仕事の完全な休止や非常勤・ボランティア・余暇活動へのシフトは人によって違いがある。	職業外の役割を開発する。 よい退職地点を見出す。 常々やりたいと思っていたことをやる。 労働時間を減らす。

　ちなみに、スーパーは成人期の職業的発達の分析研究のなかで、青年期の5つの発達課題は中年期の成人の発達にも同様に重要な要因であると主張した。その5つの課題とは、計画性または時間的展望、期待、情報収集、意思決定、そして現実志向である。しかし、40代の成人は、実際に慎重に探索しなければならないし、必要とす

る情報の種類は成人期の場合とは異なる。また決定する内容は異なるが，意思決定行動の原則は年齢や生活段階に違いはない。したがって，成人期のキャリア発達は，青年期のそれと比べると実質的にはるかに多様性に富むので，成人期のキャリア決定の準備（レディネス）は「キャリア成熟（career maturity）」ではなく「キャリア適応力（career adaptability）」と呼んだ方がよいとした（Super, 1977）。

(2) ライフ・スペースとライフ・ロール：ライフ−キャリア・レインボー

スーパー（1980, 1990, 1994）は，長期的な追跡研究から得られた知見と，社会環境の急激な変化が及ぼす個人の生活への影響を体験に基づいて，上記のライフ・スパンのアプローチをさらに明確化する概念モデルを策定した。すなわち，人が一生涯に果たす役割は少なくとも6種類（当初は10種類）あり，それらの役割とは 1）子ども，2）学習する者，3）余暇人，4）市民，5）労働者，6）家庭人である。そして，それらの役割は少なくとも5種類の生活空間（家庭，学校，地域社会，職場，施設）において演じられる，という生涯発達のアプローチである。彼は，その図をライフ−キャリア・レインボーと名付けた。その理由は，その図をもって，ライフ・スパンとライフ・スペース（人生という舞台）の両方，および人生行路と人生上の主要な役割（ロール）とが総合的に関与するという事実を主張するためである。

さらに，人生で主に演じるそれぞれの役割の重要性は，「情意的側面（思い入れの程度）」と，「行動的側面（時間やエネルギーの投入の程度）」および「認知的側面」の3要素によって多重的に決定されると考えられる。図2-3の影の部分はある個人がそれぞれの役割にどの程度の時間とエネルギーを投入したかを例示している。

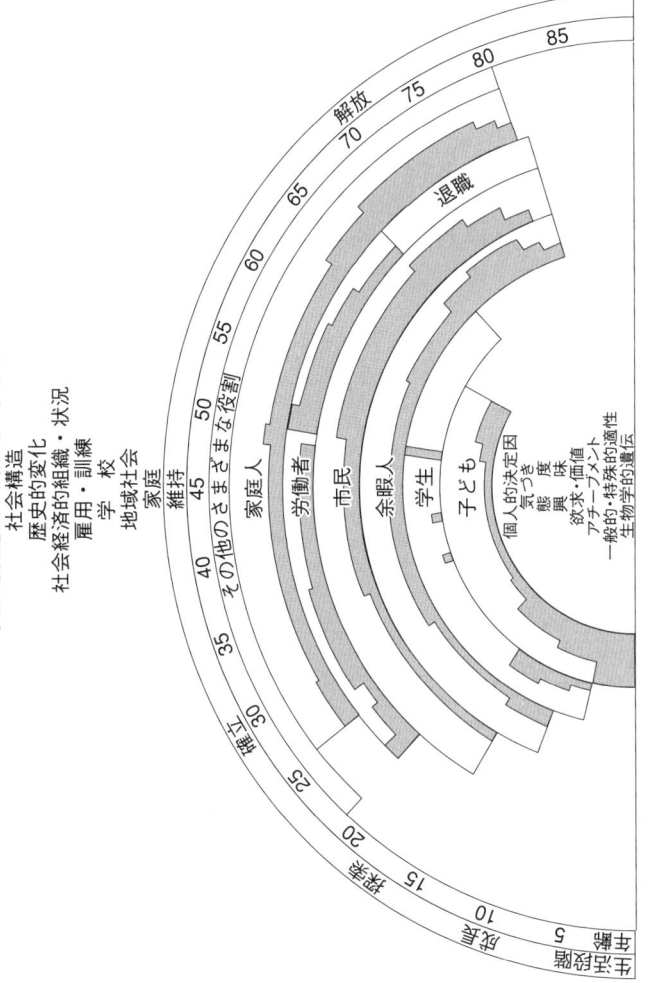

図2-3　ライフ-キャリア・レインボー（Super, 1984, p.21掲載の図を筆者が訳出）

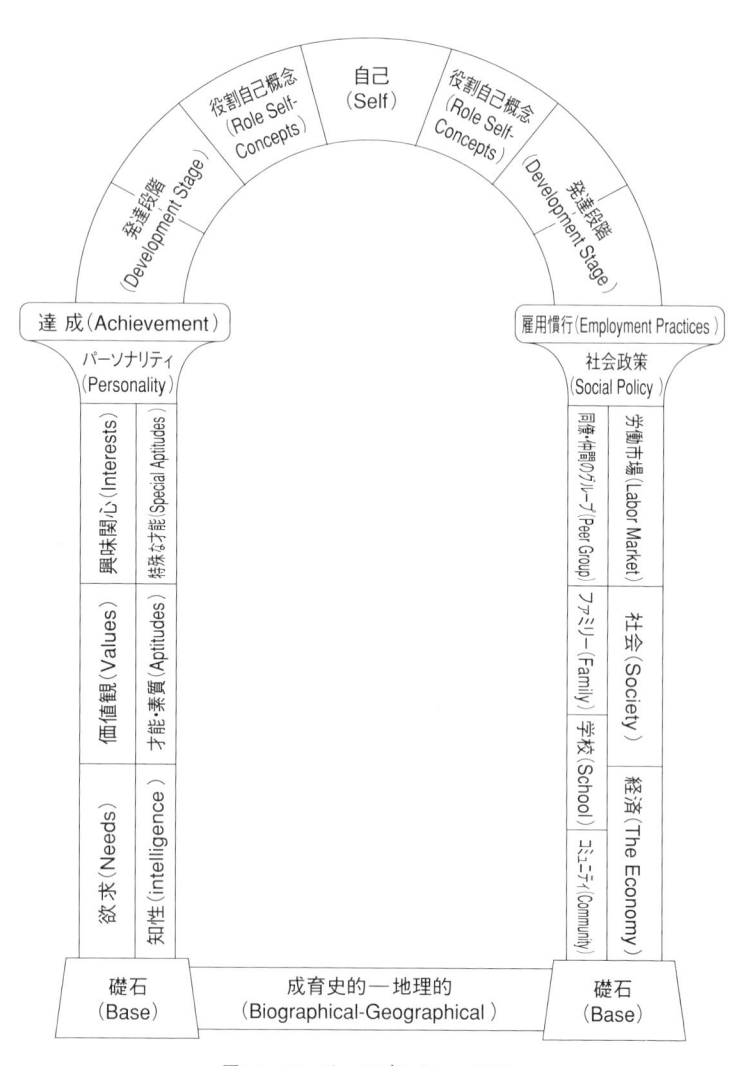

図2-4　アーチ・モデル (Super, 1990)

(注：日本語訳著作権所有者　(株)リクルートマネジメントソリューションの許可を得て転載)

(3) アーチ・モデルの構築

　スーパーは，1980年代から1990年代初頭にかけて，ライフーキャリア・レインボーの趣旨を再定義し明確化することに取り掛かった。その背景には，アメリカ社会の激しく変化する現状と，同時にいまだに個人の生物学的，心理学的，社会経済的決定要因が個人の生涯を決定し続けている現実を直視するとき，個々人に実行可能なモデルの提供の必要性を感じたことがある（Herr et al., 2016）。その結果，ライフーキャリア・レインボーの考えを基盤としながら，個々人が現実を直視して，生涯にわたり変化する多様な役割を演じ，自分の人生を構築することができること，個々人が自己と環境に対峙して，さらに，実行に移しやすいモデルを提供することを目的として，アーチ・モデルを構築した。したがって，このモデルは，理論的にはライフーキャリア・レインボーと変わらない。

　このモデルは，現在「キャリアの決定要因のアーチ門」（Herr, 1997）と呼ばれるように，入り口は人間の発達の生物学的―地理的基盤である。左側の大きな礎石は人を支える心理学的，気質的側面であり，右側の礎石は社会を支える要素（経済的資源，経済構造，社会制度・設備）である。こうして社会的要因は人に作用し，人は自分が成長し社会の構成員として機能するとき社会に作用する。こうした文脈のなかで，個人は学ぶ者，家庭維持者，職業人，市民，余暇人等のキャリアを追求する。

　スーパーは「アーチ門は個人とそのキャリア発達に，無秩序ではなく体系的に寄与する道筋を説明するのに重要である。さらに，これらの決定要因の効果を総合するのは個人自身が自分の方法で行う。『アーチの要め石』は自己（self）であり，意思決定をする人自身である」（1994, p.67）と述べている。

発達的アプローチに関する 14 の命題

　スーパーは，研究の同志らとともに遂行してきたキャリア発達に関する縦断的研究から得られた知見を集大成し，「命題」という形で簡潔にまとめて公表した。最初に提起された 10 の命題（Super, 1953）は，その後 1957 年に 2 つの命題が追加され（Super & Bachrach, 1957），さらに，1970 年代以降のアメリカ社会の社会・経済的変化を経験するなかで，パーソナリティ理論および役割理論との統合をめざして，最終的に 1990 年には 14 の仮説命題をもって自分のキャリア発達の理論的アプローチを明確化した。以下にその 14 の命題を紹介する（Super, 1981 ； Bell, Super, & Dunn, 1988 および Super, 1990）。

1. 人はパーソナリティの諸側面（欲求，価値，興味，特性，自己概念）および能力において違いがある。
2. これらの特性から見て，人はおのおの多くの種類の職業に対して適合性を示す。
3. それぞれの職業には，必要とされる能力やパーソナリティ特性の独自のパターンがある。職業に就いている人に多様性が見られるように，個人も多様な職業に就く許容性を有している。
4. 職業に対する好みやコンピテンシー，生活や仕事をする状況は，時間や経験とともに変化し，それゆえ自己概念も変化していく。このような社会的学習の成果としての自己概念は，選択と適応において連続性を提供しながら青年期後期から晩年にかけて安定性を増していく。
5. 自己概念が変化していくこのプロセスは，成長，探索，確立，維持，解放の連続としてみなされた一連のライフ・ステージ（「マキシ・サイクル」）に集約され，また発達課題によって特徴づけられた期間へ細分化されうる。ミニ・サイクルは，あるステージから次のステージへキャリアが移行するときに起こる。または病気や傷害，雇用主による人員削減，必要な人的資源の社会的変化，または社会経済的ないしは個人的出来事によって，個人のキャリアが不安定になるたびに起こる。このような不安定で試行錯誤に富むキャリアには，新たな成長，再探索，再確

　　　立といった再循環（リサイクル）が含まれる。

6. キャリア・パターンとは，到達した職業レベルである。また試したものであれ安定したものであれ，経験した職務に従事した順序，頻度，期間を意味する。キャリア・パターンの性質は，各個人の親の社会経済的レベル，本人の知的能力（mental ability），教育レベル，スキル，パーソナリティの特徴（欲求，価値，興味，自己概念），キャリア成熟，および個人に与えられた機会によって決定される。

7. どのライフ・ステージにおいても，環境と個体の要求にうまく対処できるかどうかは，これらの要求に対処する個人のレディネス（対処するために個人がどの程度準備できているか，すなわち，キャリア成熟）の程度による。

8. キャリア成熟は，心理社会的構成概念であり，それは成長から解放までのライフ・ステージおよびサブ・ステージの一連の職業的発達の程度を意味する。社会的視点からは，キャリア成熟は，個人の暦年齢に基づいて期待される発達課題と，実際に遭遇している発達課題とを比較することによって操作的に定義できる。心理学的視点からは，現在遭遇している発達課題を達成するために必要な認知的・情緒的資源と，個人が現在もっている認知的・情緒的資源とを比較することにより操作的に定義できる。

9. ライフ・ステージの各段階をとおしての発達は，部分的には能力，興味，対処行動を成熟させること，また部分的には現実吟味や自己概念の発達を促進することによって導かれる。

10. キャリア発達とは，職業的自己概念を発達させ実現していくプロセスである。キャリア発達のプロセスは統合と妥協のプロセスであり，そのなかで，生まれもった適性，身体的特徴，様々な役割を観察したり担ったりする機会，役割をこなした結果を上司や仲間がどの程度承認しているかの自己認識との間の相互作用によって自己概念は作られる。

11. 個人要因と社会要因間および自己概念と現実間の統合と妥協とは，役割を演じ，フィード・バックを受けるなかで学習することである。その役割は空想やカウンセリング面接で演じられる場合もあれば，クラス，クラブ，アルバイト，就職といった現実生活で演じられる場合もある。

12. 職業満足や生活上の満足は、個人の能力、欲求、価値、興味、パーソナリティ特性、自己概念を適切に表現する場をどの程度見つけるかによって決まる。満足感は、人がその役割をとおして成長し、探索的な経験を積み、自分にとって合っていると感じられるような類の仕事、仕事の状況、生活様式に身をおいているかどうかに拠る。

13. 仕事から獲得する満足の程度は、自己概念を具現化できた程度に比例する。

14. 仕事と職業は、たいていの人にとってパーソナリティ構成の焦点となる。しかし、仕事や職業が周辺的であったり偶発的であったり、まったく存在しなかったりする人もいる。また、余暇や家庭といったほかの焦点が中心となる人もいる。個人差と同様に社会的伝統（性役割におけるステレオ・タイプやモデリング、人種的民族的偏見、機会が与えられるかどうかという社会構造）が、労働者、学生、余暇人、家庭人、市民のうちどの役割を重視するかの重要な決定要因である。

4. 考　　察

　スーパーのアプローチは寄せ集めであると評されることが少なくないが、彼自身は現象学的心理学を自身の理論的アプローチと主張し続けている。現象学的アプローチとは、理性によって捉えられる超感性的な対象と区別される現象、言い換えれば、意識に現前しているすべての観察され確認された事実を対象とする学問である。あるいは、フッサールの言葉を借りれば、あくまでも、経験の中に、知識の原理として機能する原型を探るという姿勢を貫く（中山、2007）ということである。あらゆる先入観を排し「現象そのものへ帰って出発しようとした、意識に直接明証的に自ら現わしている現象を記述する学」という視点からスーパーの研究者としての行動とそのアプローチを見ると、彼が若いころから他者と社会の well-being のために，個の発達，個と社会の関係，個と個との間の関係，個の内的世界と外的世界に接近すべく事実とその変化に向かい合った心理学者であったといえる。

　それだけに，彼の理論的アプローチを理解するためには，アメリカ社会，特に産業構造の激しい変化のなかに生きる人の生涯発達研究の困難さを考える必要があると思われる。ブルースティン（Blustein, 1997）は，スーパーの理論的研究が正しく評価されない理由の一つは，スーパーが，カウンセリング心理学者として，専門領域の社会的意義の実現を求めて，変化する社会環境と対峙した実証的研究から得られたデータに基づいて，自分の理論的考えを改訂し続けることに一生をかけてきたことにある，と述べている。

　クリーブランドの YMCA でのカウンセラーとしての仕事と，その後の研究者として実践に貢献する理念（理論的アプローチ）の研究という仕事にたずさわって絶えず努力し続けてきた人生をふりかえって，スーパーは，キャリア発達という人間行動についての理論的探究と，人々の well-being を追求し続けるプロセスとしてのキャリア・カウンセリングとの関連に焦点を当ててきたと述べている。言い換えれば，彼にとって，キャリア発達の理論的研究は，カウンセラーとしての目的を達成するためにクライアントの生きる社会環境の変化とその影響に焦点を当てて，時系列的に研究を発展させることと不可分である。そしてカウンセリング心理学者としてのアイデンティティと実証的研究者としての成果とを統合させて，理論的アプローチを検証，発展させるのは研究者として当然のことであろう。

　ちなみにスーパーは，1975 年に 65 歳になったことを契機に，コロンビア大学の教授職を自主的に退職した。その理由をたずねた弟子のクライツ（Crites, J.）の質問に応じて，次のように説明している。すなわち，自分の実証研究では高齢期のキャリア発達研究のデ

ータは乏しく，特に長年生活の中心となっていた職業生活を退くキャリアについて実証的に研究していないため，自らフルタイムの職業生活から引退するプロセスを通して，高齢期のキャリア発達を体験的に研究することとしたそうである（Pappas, 1978）。

スーパーの，研究者およびカウンセラーとしての生涯は，つねに「働くことの意義」を直視し，生涯発達し続けることへの信頼をもって，目まぐるしく変動する社会環境の変化が，個人のライフスタイルに影響するという現状と対峙した。特に，1980年以降キャリア発達の理論的アプローチを考える場合には，従来の職業的役割の発達だけを取り上げるのではなく，「働くこと」が様々な役割行動の一部であり，その他の様々な役割行動と関連づけて捉えることに力を注いだことも彼の理論的アプローチの変遷を理解する上で必要であると思われる。（Blustein & Noumair, 1996）。

他方で，スーパーは自分の理論的アプローチがアメリカ社会に当てはまっても他の文化圏に当てはまるかどうかというと懸念していた。そうした懸念から，大学の教員生活退職後，日本を含む他の多くの国の研究者と協力して，「Work Importance Study（仕事の重要性研究）」という国際比較研究を主宰し，仕事を役割行動の一部と捉え，成人のライフスタイルと役割行動との関係を国際的に比較する研究にも取り掛かった。日本では中西と三川（1988）が参加し，20代から50代の成人群を対象に役割行動の発達的変化を研究した。1990年代初めまでの研究であるが，職業的役割のもつ意味は，他の役割行動と密接にかかわるが，同時に，年齢段階，性別文化的環境によっても影響を受けることが見出されたそうである。

【参考文献】

Bell, A. P., Super, D. E., & Dunn, L. B.　1988　Understanding and implementing career theory: A case study approach. *Counseling and Human Development*, **20**

　(8), 1-20.

Blustein, D. L.　1997　A contest-rich perspective of career exploration across the life roles. *The Career Development Quarterly*, **45**, 260-273.

Blustein, D. L., & Noumair, D. A.　1996　Self and identity in career development: Implications for theory and practice. *Journal of Counseling and Development*, **74**, 433-441.

Büler, C.　1933　*Der menschliche lebenslauf als psychologisches problem*. Leipzig: Hirzel.

Havighurst, R. J.　1953　*Human development and education*. New York: Longmans, Green.

Herr, E. L.　1997　Super's life-span, life-space approach and its outlook of refinement. *The Career Development Quarterly*, **45**, 238-246.

Herr, E. L., Cramer, S. H., & Niles, S. G.　1996　*Career guidance and counseling through the lifespan* (6th ed.). Boston: Allyn and Bacon.

廣松　渉・子安宣邦・三島憲一・宮本久雄・佐々木　力・野家啓一・末木文美士（編）　1998　岩波　哲学・思想事典　岩波書店

Miller, H.　1995　Harry Dexter Kitson: A sketch of the man in his science. *The Vocopher*, **4**(1), 3.

中西信男・三川俊樹　1988　日本人の役割行動　藤本喜八・中西信男・竹内登規夫（編）　進路指導を学ぶ　有斐閣　pp.158-168.

中山　元　2007　思考の用語辞典　筑摩書房

Nevill, D. D., & Super, D. E.　1986　*The values scale manual: Theory, application, and research*. Palo Alto, CA : Consulting Psychologists Press.

Osipow, S. H.　1968　*Theories of career development*. New York: Appleton-Century-Crofts.

Pappas, J. P.　1978　Pioneers in guidance: Donald Super. *Personnel & Guidance Journal*, **56**, 585-592.

Pappas, J. P.　1990　Donald Super. In P. P. Heppner(Ed.), *Pioneers in counseling and development: Personal and professional perspectives*. pp.12-18.

Savickas, M.　1995　A mentor of mentors. *The Vocopher*, **4**(1), 2.

Super, D. E.　1942　*The dynamics of vocational adjustment*. New York: HarperCollins.

Super, D. E.　1949　*Appraising vocational fitness by means of psychological tests*. New York: HarperCollins.

Super, D. E.　1951　Vocational adjustment: Implementing a self-concept. *Occupations*, **30**, 88-92.

Super, D. E.　1953　A theory of vocational development. *American Psychologist*, **8**, 185-190.

Super, D. E.　1957　*The psychology of careers*. New York: Harper & Row.（日本職業指導学会訳　1960　職業生活の心理学　誠信書房）

Super, D. E.　1963　Self-concepts in vocational development. In D. E. Super, R. Starishevsky, N. Matlin, & J. P. Jordaan(Eds.), *Career development: Self-concept theory*. New York: College Entrance Examination Board. pp.17-32.

Super, D. E.　1969　職業指導研究セミナー報告書　日本職業指導協会（広井　甫・中西信男訳　1978　学校進路指導　誠信書房に再録）

Super, D. E.　1972　Vocational development theory: Persons, positions, and processes. In J. M. Whitely & A. Resnikoll（Eds.）, *Perspectives on vocational development.* Washington, D.C. : APGA. pp.13-32.

Super, D. E.　1980　A life-span, life-space approach to career development. *Journal of Vocational Behavior,* **13**, 282-298.

Super, D. E.　1981　A developmental theory: Implementing a self-concept. In D. H. Montross & C. J. Shinkman（Eds.）, *Career development in the 1980s: Theory and practice.* Springfield, IL: Charler C. Thomas. pp.28-42.

Super, D. E.　1984　Career choice and life development. In D. Brown & L. Brooks（Eds.）, *Career choice and development.* San Francisco, CA: Jossey-Bass.

Super, D. E.　1985　*New dimensions in adult vocational and career counseling.* Occupational Paper, No. 106. Columbus, OH: The National Center for Research in Vocational Education.

Super, D. E.　1986　*Career guidance study,* **7**.（中西信男訳　キャリア心理学における発展　講演要旨）

Super, D. E.　1990　A life-span, life-space approach to career development. In D. Brown & L. Brook（Eds.）, *Career choice and development: Applying contemporary theories to practice.* San Francisco: Jossey-Bass. pp.197-261.

Super, D. E.　1994　A life span, life space perspective on convergence. In M. L. Savickas & R. W. Lent（Eds.）, *Convergence in career development theories: Implications for science and practice.* Palo Alto, CA: CPP Books. pp. 83-74.

Super, D. E., & Bachrach, P. B.　1957　*Scientific careers and vocational development theory.* New York: Teacheres College Press.

Super, D. E., & Crites, J. O.　1962　*Appraising vocational fitness*（Rev. ed.）. New York: HarperCollins.

Super, D. E., Savickas, M. L., & Super, C. M.　1996　The life-span, life-space approach to careers. In D. Brown, L. Brooks, & Associates（Eds.）, *Career choice and development*（3rd ed.）. San Francisco, CA: Jossey-Bass. pp.121-178.

Super, D. E., Starishevsky, R., Matlin, N., & Jordaan, J. P.（Eds.）　1963　*Career development: Self-concept theory.* New York: College Entrance Examination Board.

矢野喜夫　1995　発達概念の再検討　無藤　隆・やまだようこ編　生涯発達心理学とは何か―理論と方法　金子書房　p.53.

3 ジョン・ホランド John L. Holland
環境との相互作用によるキャリア行動の発達

　ジョン・ホランド（John Holland: 1910-2008）は，Vocational Preference Inventory（日本語版:VPI 職業興味検査）および SDS（Self Directed Search）という，大学生を主たる対象者として開発された進路選択支援ツールを開発したこと，およびそれらのツールの土台となる実証的に検証する理論的研究を継続し，職業・キャリア行動に関する理論を推敲しつづけた研究者でありカウンセラーであった。

　彼の実証的研究およびカウンセラーとしての実践を土台として提唱された6角形のパーソナリティ・タイプの理論は，職業選択行動およびキャリア行動の理論研究のみならず，キャリア・カウンセリング，支援の領域において世界的に大きな影響を与えた。たとえば，彼の理論研究の成果は，彼自身による測定用具（VPI）の開発にとどまらず，職業興味検査の中で歴史的に最も権威のある，ストロング職業興味検査（現在は，ストロング・キャンベル職業興味検査）の改訂，および，アメリカ労働省における職務分析および職業分類の改訂にも取り入れられ，それぞれの発展に多大な貢献を与えた。

　他方で，ホランドの業績が，新しいタイプの職業興味検査の開発やアメリカ労働省の伝統的な職業分類に新しい支援を提供したこと

に焦点が当てられることが多い。そのため，理論家としては，古典的な特性因子理論を継承する研究者に分類されがちである。しかし，特性因子理論家と捉えることは，ホランドの業績や開発された用具の解釈において誤解を招く恐れがある。彼は，その遺作となった『第3版 Making Vocational Choices』（1997年，日本語訳『ホランドの職業選択理論―パーソナリティと働く環境』）の序文の中で，「主に差異心理学――特に興味の測定とパーソナリティの類型論という2つの心理学的伝統をルーツとしている」（p.4）と明言している。その背景には「『働く』ということに関するいくつかの主要な問題にしか焦点を当てず，かつ，研究者によって継承されてもおらず，実践家からも無視されるような概念を付加するよりも，自分の思考法を継続して，少数でもいいので，積極的な研究を積み重ね，それらに基づく概念の構成を継続して行いたい」（p.3）というカウンセラーらしい姿勢を読み取ることができる。

　さらに，キャリア行動に関するホランドの理論的スキーマは，個々人の発達過程において，生活してきた様々な環境と個人との相互作用（P－E 理論）を枠組として構築されている。理論については後述するが，彼の理論は，個々人のキャリア構築と同様，ホランド自身の生涯キャリアとの相互作用の賜物であることを指摘しておきたい。

1. 個人的背景

　ホランドは，ネブラスカ大学で心理学，フランス語，数学を専攻した。卒業後，第2次世界大戦の間（1942 ～ 1945年）従軍し，ほかの多くの心理学者と同様，戦時下において兵士を適材適所に選抜・配置させる人事的仕事に従事した。この陸軍時代の仕事のなかに彼の研究と実践の萌芽があり，後のホランドの理論を方向づける

気づきを得たという。従軍中，多数の兵士の職業経歴書を分析する仕事をしているうちに，ホランドは，一人ひとりの職業経歴に多くの規則性があることに気づき，さらにその規則性は数個のタイプに分類できるであろうという仮説に至ったのである（Savickas & Gottfredson, 1999）。戦後，彼はリサーチをとおして，自分の仮説を検証する目的で新しい分類法を試作し，ミネソタ大学大学院に入学後，本格的にその分類体系の開発に取りかかった。1952 年に教育心理学で博士号（Ph. D.）を取得し，その前後 3 年間，ホランドはウェスタンリザーブ大学で心理学を教えながら同時に職業カウンセラーも勤めている。そうした経験をとおして，「職業興味とパーソナリティとが非常に関連深い」ことを確信するに至ったとのことである。

　彼の職業経歴によると，その後メリーランド州の復員兵病院の職業カウンセリング・サービスのカウンセラーおよび主任を歴任したが，1957 年以降は研究者としての経験が長い。1957 年から 1963 年は National Merit Scholarship 社の調査研究部に，その後 1963 年から 1969 年までは ACT（American College Testing Program）に研究者および管理職として勤務した。1969 年以降はジョンズ・ホプキンズ大学で教鞭をとり，1980 年に退職した後は VPI を中心に，心理テストの開発と理論の発展に努めた。

　職業経歴を見る限り，ホランドが職業カウンセラーに専念していたのは大学院在学中とその直後だけであるため，日本では，理論家および心理測定用具（VPI）の開発者としての側面が周知されてきた。しかし，彼の研究生活は，新たな理論の構築でも測定用具の開発自体でもなく，キャリア・カウンセラーとして，変化する社会に生きる若者のために役に立つ，利用しやすい用具を開発し，その信頼性を高めるため，新たな統計手法を活用して，自分の理論を検証し続けることに研究者人生の大半が費やされたといえる。この点について，彼自身，次のように述懐している。すなわち「私は，カウ

ンセラーとしてカウンセリング・センターや病院で青少年や成人と
実際に関わって働きながら，徐々に自分の理論を形成してきた…そ
のために，私はキャリアを個人の側からながめる癖がついてしまっ
た。つまり，人は，現在持っている個人的かつ環境的条件の中で，
どのようにして問題を解決するかということを重視してきたのであ
る。そして，逆に個人のキャリアに影響を与える教育機関，産業界，
行政施策などでこの間実施されてきた組織再構成等は無視してき
た。もちろん，私の理論がこれらの社会機関で用いられうることに
ついては考慮してきたが，私の関心は，むしろ個人のために働く実
践家がこの理論を理解し，かつ利用できるように構築することのほ
うにあった。その結果として，私は理論的構成概念すべてを測定で
きる簡便な測定具を開発することにこだわった。幸いにも私が開発
した簡単な測定具は，複雑なものと同じくらい有効なものとして役
立っている」(1997, p.5) と述懐している。

　言い換えれば，ホランドのキャリア選択およびキャリア発達の理
論構築の集大成は，Vocational Preference Inventoriy （日本名：
VPI 職業興味検査）ということになる。しかし，彼を心理検査の
開発者として，位置づけてしまうと，彼の理論の一部しか理解でき
ないことになる恐れが大きい。ホランドは，あくまでもカウンセラ
ーとして，1950 年代までの職業指導・カウンセリングで用いられ
てきた心理検査そのものに不満をもっていたことがVPIを生んだと
述懐している。彼の言葉を借りれば，カウンセラーとして「もっと
使いやすい検査を開発」したかったというのである。職業選択用の
検査として最も権威があり，カウンセラーの必需品とも呼ばれた
SVIB（ストロング職業興味検査）の 30 以上にもなる採点版を詳細
に読み，その解釈を熟読してから出発したのである。

　大学，軍隊，医療施設などでのカウンセラーとしての種々の経験
というと，カウンセリング面接だけが想起されがちであるが，まさ

にアメリカのカウンセラーらしく，この願望を実現するために，個人のもつコンピテンス，社会的行動，パーソナリティ，そしてキャリア行動に関する様々な文献を精査し，みずからも研究データを蓄積してきた。そのような諸体験が VPI 職業興味検査の開発となって実を結んだわけである。つまり，ホランドの職業選択理論は，彼自身述べているように，当時のカウンセラーたちと同様，職業選択，職業適応についての古典的な理論家の業績と，さらに広く人間行動一般に関する理論，たとえば，欲求，動機づけ，自己概念などの研究を基盤としながらも，VPI の開発とそれを用いた莫大な数の研究結果を分析することによって，古典的な理論とは異なる独自の理論を発展させたのである。

VPI（Vocational Preference Inventory）

　日本版の名称は「VPI 職業興味検査」。大学生を主たる対象として開発された心理テスト。160 の職業名に興味の有無で回答させ，結果は 6 つのパーソナリティ・タイプ（RIASEC）と 5 つの行動傾向尺度の合計 11 の尺度得点（パーセンタイル順位）で解釈できるように構成されている。ちなみに，日本版ではパーソナリティ・タイプの代わりに「職業興味領域」という名称を用いている。日本版は日本労働研究機構研究所（現在，独立行政法人日本労働政策研究・研修機構）が開発した。

ストロング職業興味検査（SVIB: Strong Vocational Interest Blank）

　アメリカの最も古い心理検査で，ストロング（E. K. Strong Jr.）によって開発され，1927 年に初版が出された。それ以後大学生以上の成人の興味（適性や知能ではない）を測定する

ものとして最もよく知られている代表的な興味検査である。本検査は個人の職業興味を多角的に測定するもので，「実際に各業種についている人にどの程度類似した興味をもっているか」で個人の興味を測定する構成になっている。したがって測定結果を示す尺度は50余の職業名からなり，男性用と女性用の2種類があった。

SVIBは1974年にキャンベル（D. C. Campbell）によって大きく改訂され，以後SCII（Strong-Campbell Interest Inventory）となった。SCIIはSVIBと同様，個人の日常生活，趣味，職業行動，教科目などに関する多くの項目に対する興味をたずねる形式であるが，結果の表し方と利用の仕方において，その後の研究成果や時代の要請にこたえる形に変えられている。まず性別にあった2種類の検査を1つに統一した。結果は3種類の尺度で表示される。3種類の尺度とは，①162の職業尺度（SVIBと同じ）を基礎とし，さらにそれらを②23の基礎的興味尺度で分類し，さらに③162の職業，23の基礎的興味尺度をホランドの6類型を用いた6つの一般的興味テーマ尺度で表現する構成となっている。さらに検査の目的は，SVIBが職業選択に焦点が当てられていたのに対して，SCIIは選択のみならずキャリア探索やキャリアの確認を支援するなど，キャリア・カウンセリングの用具として多様な使い方が可能となっている。対象も大学生や専門的職業，ビジネスについている成人が主たるターゲットである。

ストロング興味検査の歴史はまさにキャリア・カウンセラーの機能の拡大を反映している。

2. 理論的背景

(1)「類型論的─交互作用的理論」の提唱と従来の類型論との相違

　ホランドは，みずからが影響を受けた多くの理論のなかでも，差異心理学─特に興味の測定とパーソナリティの類型論，という2つの心理学的伝統が自分の理論のルーツであると述べている。事実，日本においては，ホランドは，彼は VPI 職業興味検査の開発者としてのみ紹介されてきたことも手伝って，彼の理論は，特性因子論として分類されることがある（例：高橋，2003）。

　6つのタイプで個人や環境を分類するところから，古典的な類型論を復活させたとして紹介される場合もある，しかし，ホランドは古典的な興味分類や類型論とは明らかに一線を画することを強調しており，自分自身の理論を「構造的─交互作用的理論」，あるいは「類型論的─交互作用的理論」と名づけている。

　軍隊およびその後の大学でのカウンセリング心理学の実践家としての経験のなかで収集された「人と職業との関係」についての莫大な情報を体系化する過程で，「それぞれ異なった興味をもつ人，そして異なった職業についている人は事実それぞれ異なった生活歴をもつ」という仮説に立つことができ，多数の人々の多様なデータを分析する背景として，差異心理学──特に興味の測定とパーソナリティの類型論が便利な方法であるという考えに至った。

　一般的に類型論というと，人を分類する最も古典的な考えであるが，ホランドは，自分の類型論が多くの点で，ほぼすべての従前の類型論と異なることを主張し，彼にとっての最後の研究成果のまとめとなった『Making Vocational Choices（1997）』（渡辺他（訳）『ホランドの職業選択理論』2013）の中で自分の類型論の特徴を以下のようにまとめている。

　1. データに基づいて4回改訂した。

2. 人と環境双方に関する類型論である。私の類型論は一種の相
   互作用モデルである。

3. パーソナリティと環境の複雑さをうまく取り扱えるように，
   6タイプ間は絶対的に独立した関係にあるのではなく，ある
   程度相互に類似点を持つものとした。

4. その発達，安定，変化の過程は，今回の方がより類型論的用
   語で説明されている。

5. 主要概念にはすべて，経験的定義を提示している。

6. 理論の主要概念を，1つの空間的モデル（6角形）の上に位
   置付けた。（渡辺他（訳）2013, p.5）

　その上で，ホランドの理論と，開発された測定具（VPI等）の意
味を理解するためには，理論の背景にあるカウンセラーとしての彼
のアイデンティティを理解することは不可欠であると思われる。

　次にもう1つのルーツである類型論の影響に関しては「人と職業
の関係についての莫大な情報を整理し，体系化するためには類型論
が便利なアプローチである」（Holland, 1985, p.7）と思えるように
なったと述べている。その背景には，軍隊での入隊時の面接官とし
ての彼自身の体験がある。すなわち面接官として莫大な数の若者と
会う経験を通して，「人は比較的数少ないタイプに分類できる」
（Holland, 1985, p.44）つまり，大部分の人の興味や特性，行動は数
種の枠で大別できるという確信を得たというのである。また，大学
生，身体障害者や精神障害者たちとのカウンセリング経験からも同
様の観察が得られた。その意味では，アドラー（A. Adler）やユン
グ（C. G. Jung），シェルドン（W. H. Sheldon），シュプランガー
（E. Spranger）らと類似している。また，ダーレィ（Darley, 1938）
の「職業のステレオタイプ」の知見にも触発されたという。

　先に述べたように，日本では，ホランドの理論を特性因子論に分
類し，ホランドを人と職業をマッチングさせる特性因子論者として

紹介している場合もあるが，ホランド自身は，人間および職務を，特性（興味）の集まりとして説明しようとしたのではないので，特性因子論者と呼ばれることを決して望まないだろう。

類型論（typology）と特性論（trait theory）

　両論は，パーソナリティの理論ではなく，パーソナリティ研究の代表的なアプローチである。

　類型論とは人間の行動や思考に見られる個人差をおおぐくりに捉えて，いくつかの典型的なタイプに分類することによって，複雑な人間のパーソナリティを整理しようとする立場である。類型論のなかにも，類型の考え方，分類の基準，種類，類型の数などで，異なったいくつもの立場がある。有名なものとしては，クレッチマーやシェルドンの体質類型論，ユングやシュプランガーの心理学的類型論がある。

　他方，特性論は個人の行動特徴を，測定可能な特性（trait）によって記述しようとするアプローチである。特性とは，様々な状況において共通して示される行動傾向，あるいはその一つのまとまりである。言い換えれば，どのような場面においてもその人らしさとして把握できる行動傾向を指す。基本的特性の決定法や種類，数においては，様々な立場があるが，因子分析法が採用されるようになって，理論的な発展を遂げた。そのために特性－因子論と呼ばれるようにもなった。たとえばキャッテル（R. B. Cattell）は 16 因子で，ギルフォード（J. P. Guilford）は 13 の因子で個人のパーソナリティを説明しようとしたことで有名である。

　アイゼンク（H. J. Eysenck）は，因子分析法を用いて，類型と特性の関係について，類型－特性－習慣的反応－個人の

個別反応というモデルを構築した。たとえば，外向タイプ（類型）のもとに，社会性や衝動性などの特性が続き，さらにその下層には習慣的反応があり，さらに最も下の層には具体的な生活場面での個人の行動がある。したがって特性とは，表層的で具体的，かつ環境による可変的性格部分を示すのに便利であり，類型は上位の表現で，おおぐくりに個人を捉えるのに適している，といわれている。

　類型は，個人がもっている多くの特性について，個体内における相対的に強い部分を取り上げるのに対して，特性論は，ある一つの特性を人間集団内における個人の位置づけとして捉えるものであり，前者は個人の行動傾向を質的に捉え，後者は量的に捉えるといえる。

(2) キャリア発達段階説への批判

　上述したように，ホランドは，軍隊や障害者の諸施設でのカウンセラーとしての経験から，個人の行動傾向がいくつかの比較的少ない類型に分けられるという確信を得るとともに，それぞれの人のタイプは，個人の生物的特徴と生活歴から発達的に作り出されるという仮定にも達した。つまり，人と環境との交互作用の成果は，発達過程をとおして徐々に個人のパーソナリティ・タイプの形成というかたちで具現化される。そして，ほぼ18歳から30歳の間に，個人を特徴づけるタイプが決まると考える。さらに，成人期頃までに形成されたパーソナリティのタイプは，それ以降は「安定する」ので，一般的には変更させるのは困難であるという理念に立つ。ここからも明らかなように，ホランドはいわゆる職業行動の発達プロセスに焦点を当てた「キャリア発達的－プロセス志向的アプローチ」よりもパーソナリティ・タイプの発達の「構造的アプローチ」の方を好むと明言している。

　彼はキャリア発達段階説について次のように批判している。まず第1に，人と職業との関係の発達的プロセスを研究した実証データはきわめて少ないことをあげている。さらにキャリア発達の視点では，すべての人が単一の発達過程を経ると考えていることを指摘して批判している。この考えに従うなら，すべての人を，単一のタイプに押し込め，あたかも「すべての人はみな同じ1つのタイプにある」かのように取り扱うことになるのではないかと疑問を呈しているのである。しかし，カウンセラーというのは，「人は，何歳になっても，自己を知ること，そして何をしたいかを追い求めていくと仮定しており，したがって，一人ひとりが，生涯，自己充実的になることを援助しようとするのである」から，固有な存在である個人を単一の発達過程に当てはめるのは受け入れがたい。その意味では，「フランク・パーソンズ（F. Parsons）の考え方，つまり構造的立場の方がすべての人にとって効果的である」と評価している（Weinrach, 1990, p.47）。

　構造的アプローチに立つホランドは，当然のことながら，キャリア成熟という概念についても，その概念の意味するところがあいまいなことを批判している。そして，キャリア発達のアプローチに立つ人々がキャリア成熟の概念を用いていこうとしていることは，自分の類型論で説明できるという仮説を提示している。つまり，キャリア成熟の概念は，ある年齢において期待される職業行動を取れる状態になっているかどうか，ということ，もう少し具体的にいえば，職業・進路を選択しなければならない状況にあるときに，みずから選べる準備態勢ができているかどうか，という課題に関係する概念である。ホランドにとっては，職業選択ができる状態にあるかどうか，つまりキャリア成熟の程度は，VPIのプロフィールの一貫性と，6尺度（6タイプ）の分化の程度で評価できると推察している。もちろんこれを実証するための研究が今後不可欠であることも指摘し

ている。ちなみに，ホランドは，キャリア成熟よりも，「職業的自己同一性（アイデンティティ）」のほうが有効な概念となるのではないかとも述べている（Weinrach, 1990, p.44）。

　要するに，ホランドは，キャリア発達そのものを否定しているのではなく，発達段階を重視するアプローチの実証性の少ないことと，その概念のあいまいさを批判しているのである。

(3) 職業選択からキャリアへ

　ホランドは自分の理論について語るなかで「自分がどの理論的立場に属するか」ということはたいして重要ではなく，自分にとってより関心のあることは，自分の理論が，問題や課題と取り組む上でどれだけ役に立つかということであることを強調しており，自分の理論の変遷について次のように説明している。「最初のうちは，職業選択に関する理論に集中していた。しかし，今では，ワーク・キャリアの理論と言ったほうがぴったりする。なぜなら，キャリアという言葉を使うとき，そこには個々人の歩んだ仕事の経歴，つまり，その人が成したいくつもの選択の歴史という意味が内包されているからである。私は，職業生活，それも誕生から死に至るまでの職業生活に関わることに関心がある。そして，最近ますます，類型論が，人間間のさまざまな相互関係を理解する上で有益であることに確信がもてるようになった。たとえば，私の6角形の類型論を結婚カウンセリングに役立て当てはめているカウンセラーもいる」（1985, p.44）と。

　彼の理論構築の本来の目的は，カウンセラーとして，より有効な活動をすることにある。たとえば，カウンセラーとして，ある時点での職業選択を有意義に援助しようとすれば，個人が「自分の生活，そして人生が選択の連鎖であり，生活場面での他のさまざまな選択の連関であること」に気づくことに焦点を当てる必要があると考え

る。要するに彼は，カウンセラーとして，このような考えに立って
クライアントを援助したかったので，理論を構築したのである。そ
してその結果，自分のスタンスを職業選択理論から「キャリア」理
論へと変更したということである。さらに，その選択の歴史を誕生
から死まで続くものとして捉えている点は，ほかのキャリア発達理
論家と違いはないと思われる。

3. 理論上の主要概念

　ホランドの理論的立場は，実証的なデータをもって検証し，改訂
をかさねて構築された概念を基盤としているということができる。
　従来の類型論との違いに関してみると，ホランドは自分の立場を
「類型論には立つが従来の類型論とは異なる」と明言し，類型論を
否定しているわけではない。従来の類型論と自分の類型論との相違
について，次の点を指摘している。すなわち，自分の理論は実証的
データをもって検証可能な構造となっていること，および，「自分
の提示した類型は，人と環境との双方を類型化でき，さらに人と環
境との相互作用の中で発達するという仮定に立っている」という特
徴があることを指摘している。
　またパーソナリティ・タイプの理論構築の過程でギルフォード
（J. P. Guilford）の影響が大きかったことも重視している。ギルフォ
ードは因子分析を用いて特性の集約を試みる研究を行っていること
で有名である。ギルフォードの研究のなかに，興味およびパーソナ
リティに関する先行研究から得られた多数の特性から，機械的，科
学的，社会福祉的，書記的，営業的，審美的という6つの興味因子
を抽出した研究があるが，ホランドは研究と統計的手法に触発され，
因子分析および判別分析によるデータ分析を自分の類型論の構築の
ための研究に不可欠の要素としたと述べている。

また，ホランドは自分の理論の特徴として，「類型は人と環境との相互作用によって発達する」という仮定に立つことを強調している。言い換えれば，「発達的視点」を仮定している。発達段階ではなく，「環境と人との相互作用による発達」を強調しているのである。つまり「環境と人との相互作用による発達」を強調することによって従来の類型論および発達段階が実証的に検証されていないことへの批判を行うとともに，自分の理論を「一種の構造的―交互作用的理論」あるいは「類型論的―交互作用的理論」という表現を用いて紹介した。言い換えれば，同一の6類型をもって「個人および環境の構造」を説明し，さらに職業行動の基盤を「両者の交互作用」に求めていることが特徴ということである。このような，人と環境との交互作用を理論の基盤に据えた背景について，ホランド自身，自分がヘンリー・マレィ（H. Murrey）の提唱したパーソナリティ理論から直接影響を受けたことを認めている。ちなみに，マレィは，有機的全体論の立場からパーソナリティを捉え，その構造を個人（個人内の欲求という力）と環境（環境からの圧力）との交互作用の結果と説明した。ホランドも，職業行動をパーソナリティの一表出形態として捉え，人と環境とが相互に作用し合う結果と仮定している。

類型論を枠組みとした職業選択の理論を体系化する過程で，ホランドは従来の「職業行動に関する数多くの理念や知見を検討した」と述べている。その結果，最終的に，自分の理論のなかに取り入れたものは，次に掲げる6つの理念である。

1. 職業の選択は，パーソナリティの表現の1つである。
2. 職業興味検査はパーソナリティ検査である。
3. 職業的なステレオ・タイプは心理学的・社会学的に確かで重要な意味をもつ。
4. 同じ職業に就いている人々は似かよったパーソナリティの特

性および発達史を共有している。

5. 同一の職業群に属する人々は似たようなパーソナリティをもつので，さまざまな状況や問題に対して同じように反応したり，それぞれ特徴的な対人関係の作り方をしたりするであろう。

6. 職業満足，職業上の安定性や業績は，個人のパーソナリティとその人の働く環境との一致の程度に依拠する。

(1) 6角形モデル

　ホランドといえば6角形が思い出される人は多いが，彼自身も理論構築の過程の礎として6角形モデルを位置づけてきた。1959年に理論を紹介して以来，データを積みかさねながら数回にわたって理論を改訂したが，この6角形モデルは一貫して保たれてきた。また，キャリア行動の理論化を進めている過程で，自己概念についても検討したが，進展が得られず，結局類型論を選ぶことに落ち着いたそうである。

　6角形は，理論的に導き出されたものではない。ホランドとホイトニィがVPIの尺度間の相関関係を検証し，パーソナリティ・タイプを整理する方法を模索していた過程で生まれたものだという。ホランドは6角形の由来について，「アン・ロウ（A. Roe, 1956）が円を用いたのだから，我々は6角形にしよう。アン・ロウが我々に先立ってあの理論を提示していなかったなら，我々も6角形ではなく，円で構造化を示していたかもしれない」（Holland & Whitney, 1968）とさえ述懐している。しかし，現時点では，6角形は，ホランドの職業選択理論を支える全構成概念を体系化し，その一貫性と一致度の程度を明確にする手段として重要な枠組みとなっている。

　ホランドは自分の職業選択理論の構成について，その基調をなす第1次的仮定と，基調を補足するものとして第2次的仮定があると

説明している。なお，両方の仮定は，個人のパーソナリティと環境の双方に適応されると考えている。

①第1次的仮定

ホランドの理論の基調となる4つの作業仮定を次に示す。

1. 我々の文化圏において，大多数の人は，現実型，研究型，芸術型，社会型，企業型，慣習型の6つのパーソナリティ・タイプのうちの1つに分類されうる。

2. 我々の生活環境は6つのパーソナリティ・タイプに支配されており，したがって，環境の特徴は現実的，研究的，芸術的，社会的，企業的，慣習的という6つの環境モデルで説明されうる。

3. 人々は，自分のもっている技能や能力が生かされ，価値観や態度を表現でき，自分の納得できる役割や課題を引き受けさせてくれるような環境を求める。

4. 人の行動（様々な選択行動，職業的安定性，業績，実力，社会的行動パターン，影響の受け易さなど）はパーソナリティと環境との交互作用によって決定される。

②第2次的仮定

第1次的仮定の中心的概念を補足する第2次的な仮定として，次の5つの概念を提示している。ちなみに，この第2次的仮定は，個人と環境の両方に適用される概念である。すなわち，パーソナリティ・タイプと環境モデルの明確化と発達の程度の指標であるといえよう。

これらの第2次的概念を理論構築の過程で追加した目的は，臨床家（カウンセラー）としての有用性追求の姿勢であったといえよう。6角形モデルを従来の類型論による人と職業との単純なマッチング

理論と混同されないために，言い換えれば彼独自のパーソナリティ論を説明するために，必要な概念なのである。

1. 一貫性　　6タイプ間の相互関係の強さは，タイプ間で異なるが，その関連性の違いには一貫性があるはずである。

そして，その関連性はパーソナリティ・タイプ相互あるいは環境モデル相互の強さの程度を意味する。6タイプ間の関連は言い換えれば心理的類似性を意味し，タイプ間の関連の一貫性は6角形モデルで示される。2つのタイプ間の距離と心理的類似性は反比例すると仮定される。

たとえば，現実的タイプは，社会的タイプよりも研究的タイプとのほうが関連性が強い。現実的―社会的タイプより，現実的―研究的タイプの方が予測性が高いはずである。

2. 分化　　タイプの分化の程度とは，個人および環境をタイプで明確に区別できる程度のことである。この分化の程度は人および環境によって異なる。たとえば単一のタイプだけに類似性が高く他の5つのタイプとはほとんど似ていない人あるいは環境もあれば，複数のタイプとの類似性の高い人あるいは環境も存在する。

3. 同一性　　個人の同一性とは，自分の職業目標や自己知覚（興味，能力，才能などについて）の明確，かつ安定した像を所有していることを意味する。また環境の同一性とは，ある環境や組織が，長期間にわたって，安定した，統合された明確な目標や任務等を所有していることを意味する。

4. 一致度　　それぞれのパーソナリティ・タイプは，それぞれに符合し，調和する環境モデルを求める。たとえば社会的タイプの

人は社会的環境のなかでのほうが活躍しやすいであろう，という仮定に立つということである。なぜならば，環境のもつ特徴はそれを代表する構成員によって形成されているので，その環境の特徴と一致するタイプのパーソナリティの人が求めるような機会や報酬，価値を提供するからである。社会的環境は社会的タイプの人が好む傾向（例，いろいろな人との直接の関わりをもつことをとおして活動することを好む）とか能力（人間関係を作る能力）を発揮する機会が多いので，一致度が高くなる。逆に慣習的タイプの人が企業的環境で生活すると不一致が起こると仮定する。

 5. 凝集性　　6つのタイプは心理的類似性から見て相互に関連性があると仮定する。言い換えれば，6タイプは互いにまったく独立しているのではなく，理論的に見て内的関連性をもつ，つまり6タイプ間に凝集性があると仮定している。その凝集性は6角形を使って空間的に表現でき，タイプ間の心理的類似性はタイプ間の距離と反比例する。たとえば，図3-1 に示されているように，社会的タイプは現実的タイプと最も距離があり，逆に企業的タイプおよび芸術的タイプと最も近いが，それは「社会的タイプ」は，他の5つのタイプのなかで「現実的タイプ」と理論的関係が最も少なく，心理

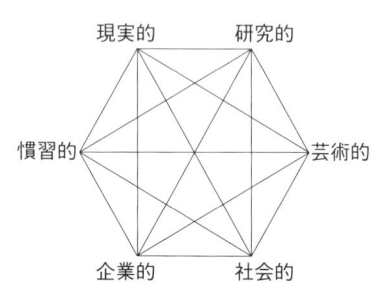

図3-1　パーソナリティ，環境，あるいはそれらの相互作用の心理学的類似性を定義するための6角形モデル

的類似性が低いと仮定される。

　VPIでは個人の特徴を1つのタイプで示すのではなく，上位3つのタイプの組み合わせで示して解釈するのは，この凝集性の仮定が背景にあるからである。

　ちなみに，図3-2は，参考のために，VPIの日本版開発及び改訂版作業の過程で得られた基礎データ（日本労働研究機構, 2002, p.62）のうちの相関係数を6角形に記入したものである。この結果によると，日本の男性学生（r=.28）においても女性学生（r=.32）においても「現実的」と「慣習的」の間の心理的凝集性のみあまり高くなく，ホランドの仮定を支持していないことになる。

(2) パーソナリティ・タイプの発達

　「特定の職業環境にいる人には類似したパーソナリティ特性とパーソナリティ形成史を示すものが多い」という経験則に立って，ホランドは，6つのパーソナリティ・タイプと環境を軸とした職業選択理論を構築したことはすでに述べたとおりである。ホランドの職業行動に関する発達理論は，実はパーソナリティ・タイプの発達理論でもある。そこで最後にホランドのパーソナリティ・タイプの発

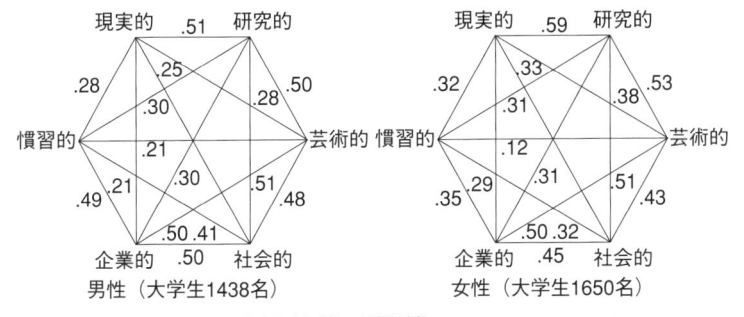

図3-2　6タイプ（尺度）間の相関係数（日本労働研究機構, 2002）

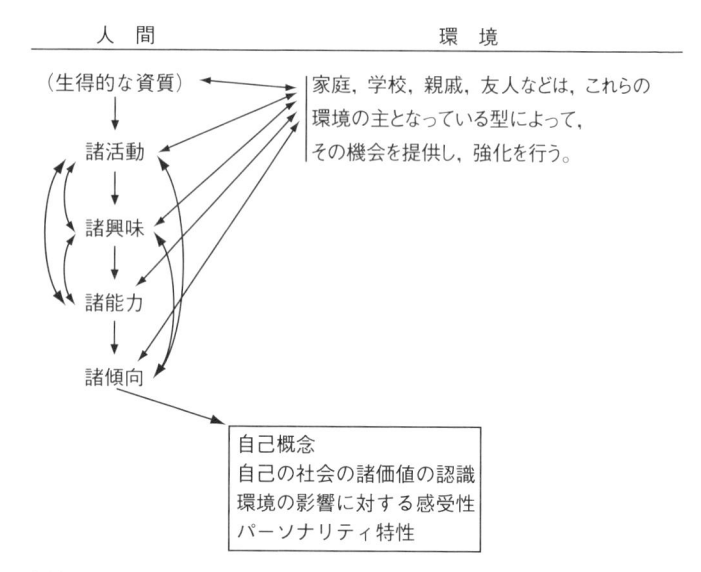

<table>
<tr><td>人　間</td><td>環　境</td></tr>
</table>

（注）発達の順序はふつう，活動から傾向へと進む。しかしパーソナリティ・タイプの形成にはループの矢印で示したような経路も起こりうると仮定される。

図 3-3　パーソナリティ・タイプの発達図式（Holland, 1985）

達についての考えを取り上げておきたい。

　彼は，「個々人を特徴づけるパーソナリティ・タイプは，その人の生得的資質と発達過程で体験する人的，文化的，物理的諸環境からの力との交互作用を経て形成される」という仮定に立って，パーソナリティの形成に関する既存の多くの理論的知見をもとに，パーソナリティ・タイプの発達過程を以下のように図示した。

　ホランドは，パーソナリティの発達過程には図 3-3 のような段階があると仮定する。この図から明らかなように，彼は，子どもの初期の活動がその後の長期間の興味や能力に影響を与えるという。さらに，初期の経験が，自己概念や特徴的な性格特性，行動傾向の形成に大きな影響を及ぼすという。しかし子どもの初期の経験と興味

の発達においては，ローとシーゲルマン（Roe & Siegelman, 1964）が指摘しているように，親の態度が大きくしかも複雑に影響を及ぼすと考えられる。

　初期の経験は，親の影響の外に，性（ジェンダー）や兄弟関係，生活環境などで規定される。パーソナリティの形成要因といわれるこれらの諸要因は，我々の社会において実は，幼少期から個人が経験できる活動の種類や幅を規定してしまうのである。

　その結果，重視したり軽視されたりする能力の種類や実際に育てられる能力の種類を規定し，また価値観，興味を育む機会を制限している，と考える。子どもの頃経験する活動がその後の長期間の興味や能力に影響を与える，言い換えれば，初期の経験が，特徴的な自己概念や行動形態，パーソナリティ傾向の獲得に影響するということである。しかし，ホランドは，親の態度やパーソナリティ・タイプ，生得的特徴などが，環境的機会を左右するとともに，子どもが将来乗り越えなければならない何らかの欠陥ともなるという立場をとる。子どもは親の態度や生得的な資質などによって与えられる経験の機会と内容を超越することで，独自の自己概念を形成できるのである。幼少期の人的物理的，生得的環境によって規定される経験の範囲を乗り越え，子どもが自分なりの新たな経験の機会を獲得できるようになるためにこそ，学校教育やカウンセリングは重要な役割をもつと考える。このような彼の仮定はスターツ（Staats, 1975）の社会行動主義理論やクランボルツ（Krumboltz, 1979）の社会的学習理論に基づくキャリアの意思決定の考え方と相通じるところが多い。

　図3-3に描かれている両矢印のループは，パーソナリティ・タイプがどのように分化し発達するかを示している。興味のある領域に関係した活動により関心をもち，その結果それを経験する機会も増えるので，ますますその興味の傾向は強まる。逆に興味をもたない

領域に関係する活動や経験は避けられるので，ますます興味がなくなる。

この仮定に従えば，親や幼少期の環境のもつタイプが子どものタイプを作り出す可能性がかなり高い。興味・関心自体が子どもの経験の機会によって影響を受けることを考えるとき，幼少・児童・青年前期など一人ひとりの子どもが自己概念を形成する段階においては，親の提供する機会のみにしばられないようにするために，興味・関心の幅を広げる経験の機会を提供する援助が非常に重要となるといえるのである。

4. 考　　察

ホランドは，「ある理論の価値はどれだけ人々によって利用されるかにかかっている」と考えている。その意味では彼の「発達的視点に立った類型論」および「個人と環境との相互作用論」は，ストロング職業興味検査をはじめ多くの興味検査に影響を与え，伝統的な職業辞典にも取り込まれ，職業分類に大きな影響を与えている。さらに彼の理論は，アメリカから地球規模で日本を含む20以上の国々で適用されており，また教育機関から産業・組織の領域へと適用対象も多様化している。その意味で非常に現代的な価値をもつ理論であると評価できるであろう。

ホランド自身も自分の理論の有効性に自信を深めているが，同時に，自分の理論の弱点を指摘し，個人と環境との相互作用の理論の精緻化とともに，労働環境の分類を可能にするために6つのタイプで環境をアセスメントする手段の開発をめざして研究を継続した。

たとえば，1997年の第3版『職業選択の理論（Making vocational choices）』では1985年の改訂以後に行われた研究に基づいて，次のような変更を加えたことが示されている。まず，パーソナリテ

ィ・タイプの特徴を説明する言葉として，はじめて「信念 (beliefs)」という用語を採用したことである。そして次のような知見を繰り広げている。すなわち，6つのパーソナリティ・タイプにはそれぞれ「『自己』と『行為の結果』についてそれぞれ独自の『信念』をもっていること」，また，6つのモデル的環境では「それぞれ異なった信念体系を奨励されること」である。もう1つ 1997 年の改訂版で注意を引くことは，実証的研究結果に基づいて，以前にもまして「職業的アイデンティティ」という構成概念の有用性を強調していることである。

　ホランド自身が自分の理論の基本的部分のなかにある弱点を次のように指摘している。すなわち，最大の弱点は，安定性と変化がどのように起こるかについて実証研究がまったくないことである。そのため，安定性と変化に関しては，まだ理論化ができていないこと，また，第2次的仮定で述べた「一致度」，言い換えれば「個人と環境との相互作用」の仮説についても決して十分な研究結果が得られていないことも弱点であると認識している（Holland, 1985）。

　最後に，職業心理学の発展という観点から，ホランドの理論についての最近の評価を紹介したい。ホーガンとブレイク（Hogan & Blake, 1999）は次の点を特に高く評価している。職業心理学者はパーソナリティ心理学を無視してきたといっても過言ではない。そのなかでホランドは常に職業選択とパーソナリティとの関連を真正面から取り上げ，検証した。もちろん，職業心理学の分野では，職業興味がパーソナリティの表現の1つであることを概念的には十分認めてきたし，実践上でも職業カウンセリングにおいてパーソナリティは重要な情報であることは周知のこととして受け入れられてきたが，ホランドは，職業興味とパーソナリティとの関係を実証データで証明しようとした。またなぜ両者のつながりが生起するのか，両者のつながりが何を意味するかを説明しようと努力をかさねてき

た。

　ホランドの理論の発展的変遷を見ると，職業選択におけるパーソ
ナリティの研究からパーソナリティ・タイプの発達過程における職
業選択の研究へと強調点が移行しているようにも思える。

　キャリア・カウンセリングの実践とのかかわりでみると，大学生
等の若者を対象として構築された理論ではあるが，昨今では，職業
人への応用が検討され，ホランドの「人と環境との相互作用」は産
業界における「人と組織の相互作用」つまり組織行動の研究の発展
に寄与する理論として期待されている（Muchinsky, 1999）。日本に
おいても，中年期の職業人のキャリア・カウンセリングの実践，転
籍・出向の研究の応用などをとおして，彼の理論とツール（VPI）
が若年者のみならず，中・高年齢者の職業行動の理解に有効である
という感触を得ている。

【参考文献】

Darley, J. G.　1938　A preliminary study of relations between attitude, adjustment, and vocational interest tests. *Journal of Educational Psychology*, **29**, 467-473.

Gottfredson, G. D.　1999　John L. Holland's contributions and vocational psychology: A review and evaluaton. *Journal of Vocational Behavior*, **55**, 15-39.

Hogan, R., & Blake, R.　1999　John Holland's vocational typology and personality theory. *Journal of Vocational Behavior*, **55**, 41-56.

Holland, J. L.　1985　*Making vocational choices*. Englewood Cliffs, NJ: Prentice-Hall.（渡辺三枝子・松本純平・館　暁夫訳　1990　職業選択の理論　雇用問題研究会）

Holland, J. L.　1997　*Making vocational choices: Theory of vocational personalities and work environments* (3rd ed.).　Odessa, FL : Psychological Assessment Resources.（渡辺三枝子・松本純平・道谷里英訳　2013　ホランドの職業選択理論―パーソナリティと働く環境　雇用問題研究会）

Holland, J. L., & Whitney, D. R.　1968　Changes in the vocational plans of college students: Orderly or random? *ACT Research Report*, No.25. American College Testing Program. Iowa City, Iowa.

Krumboltz, J. D.　1979　A social learning theory of career decision-making. In A. M. Mitchell, G. B. Jones, & J. D. Krumboltz (Eds.), *Social learning and career decision-making.* Cranston, RI: Carrol. pp.19-49.

Muchinsky, P. M.　1999　Applications of Holland's theory in industrial and organizational settings. *Journal of Vocational Behavior*, **55**, 127-135.

日本労働研究機構　2002　VPI 職業興味検査（第 3 版）手引き　雇用問題研究会

Roe, A.　1956　*The psychology of occupations*. New York: John Wiley.

Roe, A., & Siegelman, M.　1964　*The origin of insterests*. Washington, D.C. : APGA.

Savickas, M. L., & Gottfredson, G. D.　1999　Holland's theory（1959-1999）: 40 years of research and application. *Journal of Vocational Behavior*, **55**, 1-4.

Staats, A. W.　1975　*Social behaviorism*. Homewood,IL.: Dorsey.

高橋俊介　2003　キャリア論　東洋経済新聞社

Weinrach, S. G.　1990　Have hexagon will travel: An interview with John Holland. In P. Heppner（Ed.）, *Pioneers in counseling and development: Personal and professional perspectives*. Alexandria, VA: AACD. pp.43-49.

4 マーク・サビカス Mark L. Savickas
キャリア構築理論

　サビカス（Mark L. Savickas）のキャリア構築理論（Career Construction Theory）は，スーパーのキャリア発達理論を引き継いで集大成したものである。個人はライフサイクルの様々な段階で，職業に関わる選択や適応を求められるが，この職業行動を3つの心理学の視点，すなわち差異心理学，発達心理学，力動心理学から包括的に捉えようとしていることが，この理論の大きな特徴である。

　このキャリア構築理論は，変化の激しい今日の社会状況を踏まえ，現代の職業人の働き方に合ったキャリアを構築する上で有用な考え方を提供している。キャリアに対するサビカスの立場は，「意味を運ぶものとしてのキャリア」（Career as carrier of meaning）という表現にあるように，職業行動への主観的な意味づけを強調している。過去から現在の経験に対する意味づけを踏まえ，今後の職業人生に自分らしい意味を見出していく，この一連の過程が個人にとってのキャリアとなる。

　現代を生きるクライアントを理解し支援するためのこのキャリア構築理論は，今までの理論研究の積みかさねだけでなく，カウンセラーとしてのサビカスの実践経験に基づいて確立されたものである。

1. 個人的背景

　サビカスは，ノースイースタン・オハイオ大学医学部行動科学科の名誉教授であり，ケント州立大学でカウンセラー教育の教授も務めている。

　1977年にノースイースタン・オハイオ大学に医学部が設置された当時，カウンセラーであったサビカスは，大学の要請により医学部学生にカウンセリングを教えるワークショップを実施していた。このワークショップに対する学生たちの評判は高く，カリキュラムとして採用してほしいとの学生たちの声を受けた大学は，カウンセリング教育を行う学科として正式に発足させた。サビカスはそれ以来，30年以上にわたりこの大学で教鞭をとっていた。

　カウンセラーとしての専門領域を「職業」に決めることになった原点は，サビカスが幼かったころ，父親と一緒に働いた体験にあったという。サビカスの父親は，定職に就くことができず期間労働者として不安定な仕事を掛け持ちで行っていた。5歳になった彼は，父親に連れられて，建設現場でセメントを作るためにバケツで水を運ぶ仕事を手伝い，子どもながらに働くことの達成感を味わったという。働く父親の姿を通じて仕事を一生懸命することの価値を学んだ，と彼は述懐している。このときから，働くということに興味を抱くようになっていった。

　当初，サビカスは子どもたちに関わる仕事を望んでいたため，ジョンキャロル大学の修士課程で学校心理学を専攻した。サビカスは大学のカウンセリングセンターへインターンシップに行ったとき（米国では修士課程を修了するための必修科目として，最低半年間のインターンシップがある），スーパーバイザーから1人の生徒に会うように言われた。その生徒の話は，予想に反して進路に関するものであり，これからの生き方に関わるものであった。進路につい

て支援することが子どもたちの発達を促すことになる，と考えていなかったサビカスにとって，この偶然ともいえる1人の生徒との出会いは，進路つまりキャリアがいかに重要なテーマであるかに気づく大変貴重な経験となった。そして，もともと若い人々の発達に関心のあったサビカスは，この経験が一つの契機となり，博士課程ではカウンセリング心理学，特にキャリア発達やキャリア・カウンセリングに焦点を当てようと決心した。一人ひとりが主体的に生きる上で，キャリアは重要であるにもかかわらず，「多くの臨床心理学やカウンセリング心理学を専攻する人々が，キャリアをあまり重視しないことは悲しいことである」と述懐している。

　キャリアに関心をもったサビカスは，その後ケント州立大学の博士課程に進学し，スーパー（D. E. Super），スーパーの教え子であるクライツ（J. O. Crites），さらに，ホランド（J. L. Holland）から指導を受ける機会にも恵まれ，1975年に学位を授与された。サビカスはこの当時をふりかえり，スーパーからは発達的に個人を見ることの重要さ，クライツからは職業に関する心理学的な見方，そしてホランドからは理論を実際の問題に役立てる大切さを学んだ，と述べている。また彼は，「職業」は多くの学問領域に関係するものと考えており，心理学，社会学，経済学，神学の各領域と「職業」との関係について研究を深めた。さらに人が働くということへの興味は，詩や芸術の世界へも広がったという。

　サビカスのキャリア研究に影響を与えた代表的な人物は，スーパーとキトソン（H. D. Kitson）であろう。彼の関心事の一つである時間的展望に関する研究は，スーパーのキャリア成熟の概念の重要な要素である「未来への計画的な方向づけ」に大きな示唆を受けている。そして，サビカスは自分自身が強い未来志向であるとも語っており，彼の研究はみずからの志向性が多分に反映されているといえる。また，スーパーのメンターであるキトソンが主張している

「カウンセラーの仕事は，クライアントの興味を見つけるために興味検査をすることではなく，クライアントが興味を醸成することを支援することである」という考え方は，カウンセラーとしてのサビカスに共感を与え，彼のキャリア構築理論の確立に少なからず影響を及ぼしている。

サビカスはキャリア関連の数多くの学会機関誌の編集委員に就任し，Career Development Quarterly 誌（1991-1998）および Journal of Vocational Behavior 誌（1999-2016）では編集主幹を務めた。国際進路指導学会（IAEVG）の理事や，国際応用心理学会（IAAP）におけるカウンセリング心理学部会会長の要職に就いてきた。そして，彼の功績に対して，アメリカ心理学会（APA）のカウンセリング心理学部会は 1994 年に J. H. Holland 賞を，また全米キャリア発達学会（NCDA）は 1996 年に Eminent Career 賞を授与している。

このような多方面にわたる活動に携わることについて彼は，「私の仕事は，人々が発達するのを促進する機会を創ることである」と述べており，人々を援助するカウンセリング実践家としての信念が，彼の行動を支えているといえる。

2. 理論的背景

サビカスはスーパーやホランドの理論を尊重し，それらを社会構成主義の視点から統合して自身の理論を組み立てている。ここでは，スーパーの理論的アプローチとの関連について紹介する。

スーパーは職業行動のさまざまな側面に焦点を当て，複数の理論を構築してきたが，それは結果として「断片的な理論」（segmental theory）としてゆるやかなまとまりをもつにとどまっていたため，いつかこれらの断片的な理論を一つの包括的な理論に統合したいと望んでいた。サビカスはスーパーの思いを受けて，スーパーの各種

理論を現代においても活用できるように進化させてきた。サビカスがまとめあげた「キャリア構築理論」(Career Construction Theory)は，時代に合わせて進化し続けてきたスーパーの理論の延長にあるといえるであろう。

　スーパーの最初の主要理論である職業発達理論は，伝統的な特性因子論に基づく職業心理学に発達的な視点を加えたものであった。その後，スーパーは自己概念の重要性を強調した発達的自己概念理論を提示した。さらに，ライフ・スパン／ライフ・スペース理論においては，上記2つの理論を統合し，個人がどのように人生の役割のなかに仕事を位置づけ，個人的な価値観を十分に反映した人生を築いていくかという文脈的視点を示した。そしてサビカスは，スーパーの理論を統合するに当たり21世紀の世界経済において発生したキャリアについての新しい問題を理論のなかに組み入れた。それは，個人がアイデンティティを失わずに，どのように変化する組織や職業と折り合いをつけていくかという問題である。今日の労働者は，グローバルな労働力の移動や職業の再構築，多文化的な指揮命令系統に直面して，アイデンティティの混乱を感じている。サビカスは，特定の組織に長くとどまって貢献することを前提とするのではなく，組織や職業の変化を前提として柔軟性を重視したキャリアの構築をめざすことの必要性を主張している。

3. 理論上の主要概念

　キャリア構築理論は，個人がキャリアの意味を形成する解釈的および対人的プロセスに力点をおいてキャリア発達を説明している。サビカスは，キャリア構築理論は社会構成主義をメタ理論としている，と述べているように，キャリアを構築する主体である個人や，個人が経験に与える意味に着目している。さらに，サビカスは，

マクアダムス（McAdams, 1995）が提示した3つの視点を用いることによって，伝統的な様々なキャリア発達理論を以下のように整理した。

1. 特性における個人差（individual differential in trait）

　　どのような職業が自分に合っているのかといった職業行動における「what」の側面を意味しており，「職業パーソナリティ」によって個人差を捉えている。

2. 発達課題と対処方略（developmental tasks and coping strategies）

　　どのようにして職業を選択し適応していくのか，つまりどのようにして職業上の発達課題に対処するために態度や能力を発達させるのかといった職業行動の「how」の側面のことである。これを，「キャリア・アダプタビリティ」で説明している。

3. 心理力動的な動機づけ（psychodynamic motivation）

　　なぜ自分はそのような職業を選択するのか，なぜ働くのかといった職業行動の「why」の側面であり，このことを「ライフテーマ」で説明している。

　さらに，近年ではこれらの3つの視点を発展させ，3つの自己，すなわち演じる人（actor）としての自己，主体的に動く人（agent）としての自己，創り出す人（author）としての自己という説明がなされている（Savickas, 2013）。

　表現に変化はあるものの，キャリア構築理論の主要概念には変化はない。そこで以下では職業パーソナリティ，キャリア・アダプタビリティ，ライフテーマという3つの主要概念を紹介する。

（1）職業パーソナリティ

　サビカスによれば，キャリアの「what」を示す職業パーソナリテ

ィは，キャリアに関連した能力，欲求，価値観，興味によって定義される。職業に関連したパーソナリティに関するサビカスの考えはスーパーの理論を受け継いでおり，職業的な興味を表現する際には，個人は職業用語を用いて自分がどんな人間なのかを表現していると述べている。

　職業パーソナリティの内容については，個人－環境適合（Person-Environment fit）理論に基づくホランドのモデルをサビカスは高く評価しているが，その用い方についてキャリア構築理論の立場から主に以下の点を提言している。

個人－環境適合（Person-Environment fit）理論

　個人と環境とのマッチングを，ダイナミックなプロセスとして捉えようと試みた理論が個人－環境適合（P-E fit）理論である。ミネソタ学派であるディビスとロフカス（Dawis & Lofquist, 1984）のTWA（Theory of Work Adjustment）とホランド（Holland, 1997）の6角形モデルとが個人－環境適合理論の主流をなしている（本書第3章参照）。

　個人－環境適合理論は，個人（Person）が望むものと環境（Environment）が望むものが一致しているか否かという視点から個人と環境の関係を考える理論的枠組みであり，次の3つの前提に立っている。

　①個人は自分の特性に合った環境を探し求める。

　②個人と環境の一致の程度が，個人と環境双方にとっての重要な結果と関連する。すなわち，両者の適合が大きければ大きいほど，よりよい結果がもたらされる。

　③個人と環境の一致は双方向的なダイナミックなものである。すなわち，個人が環境に働きかけることによって環

境を変化させることもあれば，環境が個人に働きかける
ことによって，個人を変化させることもある。

　①，②に関しては，前述の特性・因子理論と大差がないよ
うに一見見えるが，「主体としての個人」に焦点を当てている
ところに，視点の大きな違いがある。特性・因子理論におい
ては，主体は職業にあり，個人はその職業が要求する特性を
もっているか否かによって職業選択を行うことになる。一方，
個人―環境適合理論では，個人が自分に合った職業を探し求
め，選択を行う主体は個人にあると考えている。そして，個
人と環境に不一致があった場合には，不一致は個人に対する
動機づけとして働くことが，TWA でもホランドの理論でも述
べられている。ホランドは，「不一致は個人の行動の変化を促
し，逆に，一致は行動の安定を促す」と述べている。TWA で
は，個人が環境との一致を獲得し，維持していこうとする試
みを「適応スタイル」と呼んでいる。

①職業的な興味は社会的に構成されたものである

　ホランドの6角形モデルは，興味をタイプに組織化するための包
括的で幅広く活用できるツールである（第3章参照）。しかしなが
らサビカスは，タイプは文脈に依存せず抽象的であるため，個人や
環境の評価を特定の集団の中で比較するためには有用であるが，個
人の主観的な経験の意味や独自性を把握することは困難であると指
摘している。ホランド自身，質問紙の得点はプロトタイプへの類似
性を示していると述べているが（Holland, 1997），キャリア構築理
論においても，これらのタイプは社会的に構成された態度やスキル
のまとまりへの類似性であると考えられている。

　また職業的な興味は，社会的に構成された意味を多分に含んだも

のである。どのような職業に関心をもつかによって，個人が属する
集団（地域，学校など）におけるその個人の評判を決めることがよ
くあるが，これこそがまさにその職業の意味が社会的に構成されて
いることの現れである（Hogan & Holland, 2003）。その上，興味は
変化するプロセスであり，安定した特性ではないとし，カウンセラ
ーは職業適性や仕事上での成功を予測する指標として，興味を他の
指標よりも優位であるとみなすべきではないとしている。興味を見
分けるという考え方は，個人が職業を選択し，キャリアを築く際に
重要となる多くの指標の一つに過ぎないということである。

　キャリア構築理論を用いるカウンセラーが職業興味検査を扱う場
合，結果の得点をクライアントの“本物”の興味として解釈するの
ではなく，可能性としての“仮説”を説明するために用いる必要が
あることをサビカスは強く主張している。

　これらの考え方は，スーパーの造語である「職業的語り」
（occutalk）に通じるものがある。個人がある職業を希望するとき，
自己概念を職業名に翻訳して表現している。その個人が用いる職業
名には，自分自身が生きている環境における特別な意味が込められ
ているかもしれない。つまり，社会的に構成された意味が反映され
ている可能性があるのである（第2章参照）。

②職業の社会的な分類を示す枠組みとして活用できる

　ホランドの6角形モデルは職業の社会的な構造も表しているた
め，カウンセラーがクライアントに，興味を体系的に捉える方法を
教えるだけでなく，職業や学部学科，趣味の活動のようなマクロな
社会環境を構造化する方法を教えるためにも役立ってきたとサビカ
スは述べている。ホランドの理論を使うことによって，クライアン
トは自分が何者で，何を求めているのかについて，6つのタイプと
いうシンプルな言葉で表現することができるのである。

(2) キャリア・アダプタビリティ

スーパー（Super, Thompson, & Linderman, 1988）は，青年期における職業選択レディネスとしてのキャリア成熟はキャリア発達上，重要な概念であるが，成人期以降はこのキャリア成熟に求められる計画的態度や意思決定能力を応用し，新たな職業選択や職業適応することが必要であるとし，キャリア・アダプタビリティという新たな概念を提示した。サビカスは，このスーパーの研究を引き継ぎ，キャリア構築理論のなかに，キャリア・アダプタビリティを中核概念として取り入れた。

多様な役割を担う職業人が，その役割を果たし職業生活に成功と満足を得るには，たえず変化する社会環境へ適応することが求められる。クライアントの適応を援助するカウンセラーは，クライアントを見る際，社会と自己という2つの観点をもつ必要がある，とサビカスは述べている。1つ目の観点は，社会がクライアントに，どのようなことを期待し要請しているのかという側面であり，2つ目は，その要請に対してクライアント自身がどのように対処しようとしているのかという適応の側面である。

①社会からの要請である発達課題とトランジション

スーパーの発達段階説によれば，人生は5つの発達段階に分けられ，各段階は，そこでの主要な発達課題を意味する言葉である，「成長」（growth），「探索」（exploration），「確立」（establishment），「維持」（maintenance）そして「解放」（disengagement）と名づけられている。たとえば，青年期の若者が自分の能力や興味に合った仕事を「探索」するということは，社会的な要請であり，彼らにとっての発達課題である。それでは発達課題に対処できているとは，どのような状態であろうか。スーパーによれば，それは，社会のなかで学生として，あるいは職業人や退職者として，よりよく機能し主

体的に行動できており，また次の段階で予測される発達課題に取り組むための基礎的態度・能力が準備できている状態のことである。

　さらにスーパーはトランジションを，ある発達段階から次の発達段階への「移行」（transition）として捉え，この移行時にミニ・サイクルをまわすことが，次の段階に適切に進む上で重要であるとしている（第2章参照）。

　社会環境が激しく変化する今日では，それぞれの発達段階の間にあるとされたトランジションは，各発達段階のなかにおいても起こりうるものであり，また予測が困難な変化をともなって生じると，サビカスは主張している。したがって，ある状態から別の状態へ移行するという意味をもつトランジションは，「連続的で予測できる変化」だけでなく，「不連続で予測困難な変化」も含んだものとなっている。そしてトランジションに際して，ミニ・サイクルすなわち「成長」「探索」「確立」「維持」「解放」という一連のサイクルを進めていけるならば，人々は変化している環境や予測できない状況に適応し発達していくことが可能となるのである。

　そして，この適応サイクルともいうべきミニ・サイクルについて，サビカスは次のように述べている。「個人がトランジションに際して，変化を通じて『成長』できるという気づきをもち，意思決定をするために自己や職業に関する情報を『探索』し，様々な行動を試みることによって安定した仕事を『確立』し，積極的にその仕事の役割を『維持』する。そして最後には，さらなる成長をめざして自発的に仕事を変わる準備をするために（場合によっては，組織の変化による不本意な仕事への変更のために），今の仕事へのかかわりを『解放』していく，といったアプローチで変化に対処するならば，個人はさらに効果的に適応することができる」（Savickas, 1997）。

②キャリア・アダプタビリティの重要性

　米国では，グローバリゼーション，情報技術の進展，企業のリストラクチャリングなどの影響を受け，同じ企業に一生勤務するのではなく，比較的頻繁に仕事を変える人々（mobile workers）が増加しているという。このように変化の激しい経済環境下での労働市場におけるキャリアは，一つの会社に生涯にわたって勤務することによって作られるのではなく，一つのプロジェクトを完遂したら次のプロジェクトへ移り，多くの雇用主へみずからのスキルやサービスを提供することによって構築される，という捉え方に変わりつつある（Kalleberg, Reynolds, & Marsden, 2003）。

　このように安定性から機動性へと働き方が変わりつつある今日的状況を考察したサビカスは，安定性を前提とした個人－環境適合モデルや職業発達モデルだけでキャリアを理解することは困難であり，機動性という変化を常態とするキャリア構築の概念としてキャリア・アダプタビリティの重要性を主張している。このキャリア・アダプタビリティについてサビカスは次のように言及している。「キャリア・アダプタビリティとは，現在および今後のキャリア発達課題，職業上のトランジション，そしてトラウマに対処するためのレディネスおよびリソースのことである」（Savickas, 2005）。変化する様々な環境のなかで人々は，職場や地域社会から要請されている発達課題に取り組むだけでなく，予測できないトランジションや，それにともなう精神的ショックへも対処する必要があり，これらの対処行動を可能にするための態度や能力を予め向上させておくことが求められているといえる。

　そしてサビカスは，このキャリア・アダプタビリティを向上させることの目的は，自己概念を実現することにある，と主張している。人々は，たえず変化する環境のなかで，みずからも変化し適応を繰り返すダイナミックなプロセスを通じて，そのつどみずからの可能

性を拡大させながら，自己概念を発達させ実現をめざしていく。
「ありたい自分になる」ための方法，つまりキャリア構築理論の
「how」が，キャリア・アダプタビリティなのである。

Adaptation の語源と意味

　ここでサビカスが用いるアダプタビリティ（adaptability）
の前提となっている「adaptation」（本書では，「適応」と訳し
ている）という言葉について紹介する。adaptation の語源は
apt で，「すばやく学び理解する」という意味をもつ。またこ
の adaptation はラテン語から派生した言葉であり，「適合（fit
あるいは congruence）する」という意味もあわせもっている。
また，サビカスは，adaptation という言葉に内在している
「みずから変わることによって適切な状況をつくる」「目的を
もって変化する」「個人と環境の相互作用により変わる」とい
う点を強調している。この3つは，それぞれ発達論，目的論，
文脈論に関係しているとし，熟考の上 adaptation という言葉
を使用していることがうかがえる。

---

③キャリア・アダプタビリティの4次元

　キャリア・アダプタビリティは，表 4-1 に示すように，関心
（concern），統制（control），好奇心（curiosity），自信（confidence）
という4つの次元から構成されている。

　「キャリア質問」（career question）は，人々が自分のキャリアを
考える際，みずからに問いかける内容である。「キャリア問題」
（career problem）は，その問いに対する否定的な反応を，また
「アダプタビリティ次元」（adaptability dimension）は肯定的な反応
を示している。各次元は，それに関連する「態度と信念」（Atti-
tudes and Beliefs），「能力」（Competencies）で構成されている。サ

ビカスは，これらの頭文字をとってキャリア構築の ABC と呼んでいる。そして，この ABC は，個人が発達課題やトランジション，トラウマに対処する際のレディネスとリソースを表しており，これらにより具体的な「対処行動」（coping behaviors）が形成される。また ABC は職業自己概念を総合的に把握するためのメカニズムとして捉えることができる。「関係性の見方」（relationship perspective）は，個人が ABC を「関心」から「自信」へと順次発達させていくとき，その個人にとって，社会や他者との関係性も順次発達したものになることを示している。「キャリア介入」（career invention）は，「キャリア問題」を抱えている個人に対して，どのような介入をしたらよいかを表している。

　そしてサビカスによれば，キャリア・アダプタビリティのある人とは，4 つの次元に基づき次のように概念化される。

1. 職業人として，みずからの未来について「関心」をもっていること
2. 職業上の未来に対して，みずからが「統制」をしていること
3. みずからの可能性と未来のシナリオを探索することに，「好奇心」を発揮していること
4. みずからの願望を実現するために，「自信」をもっていること

　ここでは，キャリア・アダプタビリティの各次元の意味することと，その態度・信念および能力について紹介する。

(a) キャリア関心（career concern）

　みずからの職業上の未来に関わる関心は，キャリア・アダプタビリティの最も重要な次元である。「キャリア関心」とは，未来志向，つまり未来に備えることが重要である，という感覚を意味する。この「キャリア関心」によって，個人は職業に関する過去を回顧し，現在を熟考し，未来を展望することができるようになり，未来が現

表 4-1　キャリア・アダプタビリティの次元 (Savickas, 2005)

キャリア質問	キャリア問題	アダプタビリティ次元	態度と信念	能力	対処行動	関係性の見方	キャリア介入
私に未来はあるのか？	無関心	関心	計画的	計画能力	認識、関与、準備	依存	方向づけの学習
誰が私の未来を所有しているのか？	不決断	統制	決断的	意思決定能力	主張、秩序、意志	自立	意思決定訓練
私はみずからの未来をどうしたいのか？	非現実性	好奇心	探求的	探索能力	試行、リスクテーキング、調査	相互依存	情報探索探索活動
私はそれを実現できるか？	抑制	自信	効力感	問題解決能力	持続、努力、勤勉	対等	自尊心の確立

実になると感じるようになっていく。

　この「キャリア関心」は，計画的な態度によって促進される。なぜなら計画的な態度は，現在，直面している職業上の課題やトランジションだけでなく，将来行わなければならない様々な選択に気づかせるからである。過去から未来へと経験が連続しているという信念をもつことによって，人々は現在の活動をみずからの仕事上の願望やビジョンという未来の可能性に結びつけて考えることができ，今日の努力が明日の成功にどのようにつながるのかについて思い描くことができる。計画的な態度，および経験が連続するという信念は，人々に計画能力を向上させたいと思わせる。そしてこの計画能力により，めざすべき未来に向かって具体的な活動の準備を始めることができるようになる。

　みずからの未来に関心をもった個人は，次に，「誰が私の未来を所有しているのか？」，つまり誰が自分の未来を決めるのか，という「統制」について考えようとする。

(b) キャリア統制 (career control)

　みずからの職業上の未来を統制することは，キャリア・アダプタビリティにおける2番目に重要な次元である。「キャリア統制」とは，人々がみずからのキャリアを構築する責任は自分にあると自覚し確信することを意味している。

　みずから決断しようとする態度は，個人が，先延ばしや回避することなく職業発達課題に取り組み，仕事上のトランジションを乗り越えることを促進させる働きをもつ。未来を自分自身が所有しているという信念，また偶然を待つのではなく主体的な選択によって未来を創造すべきであるという信念は，みずからの人生に責任をもつという感覚を生じさせるといえる。これらの態度と信念は，人々に対して，意思決定能力を高めるための活動や経験にかかわりたいと

いう気持ちを呼び起こす。

　職業上の未来を自分が統制できると確信した個人は，次に，「私はみずからの未来をどうしたいのか？」，すなわち自分の可能性と未来のシナリオに対する「好奇心」について関心を抱く。

(c) キャリア好奇心（career curiosity）

　キャリア・アダプタビリティの3番目の次元は「キャリア好奇心」である。「キャリア好奇心」とは，自分自身と職業を適合させるために，好奇心をもって，職業にかかわる環境を探索することを意味している。つまり，職業の世界を計画的に調べたり，ときには試行錯誤的に探索することは，社会情勢や労働市場，職業動向などについての有用な知識を増やすことにつながるといえる。

　新しい経験を受け入れようとする信念，また自分の可能性や多様な役割を試すことに価値があるとする信念は，個人に新しいことへ挑戦し未知なる世界へ冒険してみようとする行動を起こさせる。このような態度や信念は，自己や職業に関する知識を増やし，自己や職業をさらに理解する能力を向上させる働きをもつ。そして，これら知識を幅広く蓄積し活用することによって，現実的で客観的な職業選択が可能となり，自分自身と職業の適合が図れるといえる。

　未来に対して好奇心を発揮した個人は，みずからの願望に対して「私はそれを実現できるか？」という「自信」について考えることになる。

(d) キャリア自信（career confidence）

　キャリア・アダプタビリティの4番目の次元は，「キャリア自信」である。自信とは，挑戦し障害を克服することによって得られる成功の予期である（Rosenberg, 1989）。職業選択では，様々な複雑な問題が発生するが，これらを解決するには自信をもって問題に取り

組むことが必要である。キャリア構築理論における「キャリア自信」とは，進路選択や職業選択を行う際に必要となる一連の行動を適切に実行できるという自己効力感を意味している。

　この「キャリア自信」は，仕事や家庭，地域などでの日常的な活動において生じる問題を解決できた，という体験に基づく自信の積みかさねによってもたらされる。また，これらの活動をする上で，自分が周囲に役立っていると認識することは，自己受容や自尊心を高め，「キャリア自信」をさらに強化することになる。

　「キャリア自信」に関する態度・信念，能力によって，職業発達課題や仕事に関するトランジション，そしてトラウマに対処し克服することが可能となるのである。

(3) ライフテーマ

　職業パーソナリティおよびキャリア・アダプタビリティは，個人が職業にかかわるどのような行動を，どのようにとったのかという問題を扱っているが，なぜそのような行動をとったのか，という問いには答えていない。また，そのような行動に駆り立てる動機や価値観についても説明していない。そのため，キャリアの「why」に対応する3つ目の概念では，個人が職業行動に意味や方向性を与える解釈や人とのかかわりのプロセスに注目する。サビカスによれば，解釈や人とのかかわりのプロセスはキャリアストーリーのなかで語られ，キャリアストーリーは個人にとって意味ある選択や役割に適応するために個人が用いるライフテーマを明らかにするという。そこで，以下にキャリアストーリーとライフテーマについてのサビカスの主張を紹介する。

①キャリアストーリーとは何か

　キャリアストーリーとは，個人が直面した発達課題や職業上のト

ランジションなどが語られたものであり，そのなかには，なぜ個人がそのような行動をとるのか，またそのように行動することの個人的な意味が含まれている。キャリアストーリーは，昨日の自分がどのように今日の自分になったのか，どのように明日の自分になっていくのかを説明するものでもある。しかし，カウンセラーもクライアントも，キャリアストーリーを将来を決めつけるものとして見てはならない，とサビカスは指摘している。キャリアスストーリーを語ることは，個人にとっての意味を作り出し，将来を形作るための能動的な試みである。クライアントは，語り得るすべての物語のなかから，現在の目標に役立ちかつ行動につながるような，今の自分自身が聞く必要のあるストーリーを語るのである。

　また，クライアントは過去の出来事が現在の選択を支持するように，そして，将来の変化の基礎となるように，過去を思い出すのではなく再構成する（Josselson, 2000）。このように語られた内容は個人にとっての真実，すなわち「物語的真実」（narrative truth）であるため，歴史的な事実とは異なるかもしれないが，「物語的真実」があることによって，個人は変化に直面したときに柔軟性をもちながら一貫性を保つことができる。

②キャリアストーリーにまとまりを与えるものがライフテーマ

　ホランドの6角形モデルやキャリア・アダプタビリティのABCとは異なり，キャリアストーリーは，そのとき，その場所，その役割における個人的な背景を含んでいる。そのためキャリアストーリーは，その個人の独自性が表現されたものとなる。さらにそれらの経験は，独自のライフテーマによってパターン化されている。すなわち，キャリアストーリーのなかでそのライフテーマが繰り返し語られることによって，一見ばらばらに見えるキャリアストーリーに一貫したまとまりと連続性が生まれるのである。

③ライフテーマは個人にとって"重要なこと"そのもの

　サビカスはあえてライフテーマを分類したりリスト化したりしていない。ライフテーマは人それぞれ独特なものであり，評価することが困難だからである。その代わりに，ライフテーマは，個人にとって「重要なこと」（mattering）に関係しているという見解を強調している。ライフテーマは，個人が何のために行動するか，行動する意味は何か，ということを表すと同時に，社会に貢献するために何に取り組むかということも表している。他者にとって重要なことに取り組んでいるという確信は，アイデンティティを明確にし，社会的な意味および関係性の感覚を促進するため，自己概念にとっても重要なものとなる（Marshall, 2001）。

4.　キャリア・カウンセリングへの応用

　サビカスはキャリア構築のためのカウンセリングモデルを提示し，そのゴールを以下のように説明している。

1. 職業人生や転機，トラブルについて語り，
2. 仕事のストーリーを自己と仕事についてのアイデンティティ・ナラティブへ統合し，
3. そのナラティブを，転機の意味を見出し，感情を調整するために使い，
4. 職業上の道筋に次のシーンを描き，
5. より満足できる人生を構築するための行動を促す

　これらのゴールを達成するためには，クライアントのキャリアにかかわるストーリーを十分に引き出していくことが重要である。そこで，カウンセリングの初期にキャリア構築のためのインタビューが提案されている。

　具体的には，クライアントのロールモデル，楽しみにしている雑

表4-2　キャリア構築インタビューの項目

インタビューの項目	項目が表す意味
ロールモデル	演じる人（actor）としての自己，自己概念
お気に入りの雑誌（もしくはテレビ番組やwebサイト）	主体的に動く人（agent）としての努力と目標，クライアントの興味
お気に入りの本	創り出す人（author）としてのお気に入りの台本
モットー	クライアントの自分自身へのアドバイス，アダプタビリティのリソースや適応的な行動
幼少期の記憶（early recollections）	キャラクターアーク，モチーフとなる過去のネガティブな経験であると同時に，今や将来をガイドするためにクライアントが自ら選択し，再構築した記憶

誌，好きな本や映画，モットー，幼少期の記憶を尋ねる（表4-2）。カウンセラーは，クライアントのストーリーに，自分自身に制限をかけるような考えや文化的障壁などが含まれていないかを検討する。ストーリーがクライアントを制限している場合，カウンセラーは，クライアントがストーリーについて異なる考えをもつことを助け，それによって可能性を広げ，主体的な行動を再開できるよう働きかける。

　また，細かな話を大きなストーリーへ統合することによって，再構成することがクライアントを助ける場合がある。サビカスは，ストーリーを再構成するためにクライアントの語るキャリアテーマ（ライフテーマ [1]）にどのような「キャラクターアーク（character arc）」が含まれているかに注目することを提案している。

---

(1) 旧版執筆時に参照した文献で「ライフテーマ」と記述されていた箇所は，今回参照した論文中では「キャリアテーマ」という記述に変更されている。しかし説明されている内容に変更はなく，同義で用いられていると考えられる。

キャラクターアークとは，その人の人生において大切なことがどこで始まり，今どこにいて，どこへ向かおうとしているのかを表すものである。自らの恐れ，限界，障壁，心の傷に立ち向かい，その過程で逆境を克服する方法や，症状を強みへと変える方法を示しているとされている。よく知られたキャラクターアークとしては，病弱な子どもがボディビルのチャンピオンになる，恥ずかしがり屋の子どもが俳優になる，吃音をもった子どもがニュース番組の総合司会になる，貧しい子どもが裕福になるといったものがあげられる。こうしたキャラクターアークをクライアントの語るストーリーに見出すことで，過去の経験を今直面している問題や将来を導くものとして活用していくことができるのである。

アドラーの個人心理学

　サビカスのキャリア構築理論には，スーパーやホランドだけでなくアドラー（A. Adler）の考え方も色濃く反映されている。アドラー心理学の実践家の多くは，個人の独自性に重点をおくため，キャリアガイダンスで通常用いられるテストバッテリーを活用するよりも，クライアント自身が語る目標とその達成の手段に注目する。また，選択された職業よりも，その決定のプロセスに注目する。それによって，クライアントが人生に対処するために進化させてきた独自の方法（ライフスタイル）を理解することができるからだという。具体的には，サビカスはカウンセリングを開始する方法として，5つの刺激語から構成されるインタビューを提案している（表4-2）。インタビューを通じて，クライアントのライフスタイルに関する情報を引き出そうとしているのである。

5. 考　　察

　キャリア発達理論は，その時代の社会的文脈に応じて進化してきた。20 世紀初めに登場した「個人－環境適合モデル」は，人々を仕事にどのようにして適合させるか，という社会的背景から生まれた。20 世紀半ばに出現した「職業発達モデル」は，一つの組織あるいは一つの職業においてキャリアをいかに進めていくか，という社会的ニーズにこたえるものであった。これらの理論は今日でも確かに有用であるが，21 世紀に入りグローバル経済が進展するなかで，社会から新たな問いが提起されている。それは，働く一人ひとりが，アイデンティティを失うことなく生涯にわたって幾度となく仕事を変えることができるか，という問いかけである。サビカスが提唱するキャリア構築理論は，20 世紀の理論モデルを統合した上で，21 世紀の社会的要請にこたえるために誕生したといえる。

　このアイデンティティという自己の一貫性を，サビカスはライフテーマのなかに見出すことを主張している。変化の激しい今日，様々な環境の変化に柔軟に適応することが求められるが，変わる状況にただ単に反応するのではなく，みずからのライフテーマに基づくことによってはじめて，適応に意味と方向性を与えることができるのである。ライフテーマが，まさに自己の一貫性を維持させる原動力であるといえる。

　また，サビカスのキャリア構築理論は，今を生きる私たちをして，自分らしい未来を創りあげるために現実をどのように捉え対処したらよいのか，ということに気づかせてくれる。すなわち，過去から現在にわたって私たちが直面する発達課題やトランジションが，苦痛に満ちた否定的感情をともなった経験であったとしても，それらをみずからの成長や新たな可能性を開く機会と捉え，勇気や希望という肯定的感情を湧きあがらせながら新たな意味や価値を見出し，

みずからのライフテーマに関連づけ具体的な目標へ転換するといった対処ができるならば，私たちはキャリア構築へ向けて，さらに前進することが可能になるのではないだろうか。そのとき，この発達課題やトランジションが，自分にとって真に意味ある経験であったと思えるのだろう。

　最後に，サビカスの理論は今後も変化し続けると考えられる。なぜならば，サビカスは非常に言葉を重視しており，時代の変化に合わせてよりふさわしい表現の方法を追究していこうとする姿勢が，彼の著作の随所に見てとれるからである。

「自己」の捉えかた

　20世紀後半のキャリア研究やキャリアの支援では，自己実現という考えが中心にあったといえるだろう。自己実現という考え方には，中核となる自己はすでに個人の中に存在するものであるという前提がある。しかし，21世紀においては，自己実現という考えはポストモダンの影響によって置き換えられる必要があるかもしれない。つまり，基礎となる自己とは前もって存在するものではなく，自己を構築することが生涯のプロジェクトであるという考えへの置き換えである。このような構築主義的な立場に立つと，自己とは一つのストーリーであり，自己を一連の特性によって定義される静的な実態とは捉えない。自己実現と自己構築（self-construction）はキャリア・カウンセリングに対して，基本的に異なった視座と見通しを提供するものになるだろう。

【参考文献】

Collin, A.　2001　An interview with Mark Savickas: Themes in an eminent career. *British Journal of Guidance and Counselling*, **29**(1), 121-136.

Dawis, R. V., & Lofquist, L. H. 1984 *A psychological theory of work-adjustment*. Minneapolis, MN: University of Minnesota Press.

Hogan, J., & Holland, B. 2003 Using theory to evaluate personality and job-performance relations: A socioanalytic perspective. *Journal of Applied Psychology*, **88**, 100-112.

Holland, J. L. 1997 *Making vocational choices: A theory of vocational personalities and work environments* (3rd ed.). Odessa, FL: Psychological Assessment Resources.

Josselson, R. 2000 Stability and change in early memories over 22 years: Themas, variations, and cadenzas. *Bulletin of the Mnninger Clinic*, **64**, 462-481.

Kalleberg, A. L., Reynolds, J., & Marsden, P. V. 2003 Externalizing employment: Flexible staffing arrangement in US organizations. *Social Science Research*, **32**, 525-552.

Marshall, S. K. 2001 Do I matter? Construct validation of adolescents' perceived mattering to parents and friends. *Journal of Adolescence*, **24**, 473-490.

McAdams, D. P. 1995 What do we know when we know a person? *Journal of Personality*, **63**, 365-396.

Peterson, N. & Gonzalez R. C. 2005 *The role of work in people's life: Applied career counseling and vocational psychology* (2nd ed.). Belmont, CA: Thomson.

Rosenberg, M. 1989 *Society and the adolescent self-image* (Rev. ed.). Middletown, CT: Wesleyan University Press.

Savickas, M. L. 1989 Career-style assessment and counseling. In T. Sweeney (Ed.), *Adlerian counseling: A practical approach for a new decade* (3rd ed.). Muncie, IN: Accelerated Development.

Savickas, M. L. 1997 Career adaptability: An integrative construct for life-span, life-space theory. *The Career Development*, **45**, 247-259.

Savickas, M. L. 2005 The theory and practice of career construction. In S. D. Brown & R.W. Lent (Eds.), *Career development and counseling: Putting theory and research to work*. Hoboken, NJ: John Wiley & Sons. pp.42-70.

Savickas, M. L. 2010 Reveiewing models of career as social constructions. *Revista Portuguesa de Pedagogia Psychologica, Numero Conjunto comemrativo*, 33-43.

Savickas, M. L. 2012 Life design: A paradigm for career intervention the 21st century. *Journal of Counseling & Development*, **90**, 13-19.

Savickas, M. L. 2013 Career construction theory and practice. In S. Brown & R.Lent (Eds.), *Career development and counseling: Putting theory and research to work* (2nd ed.) Wiley.

Super, D. E., Thompson, A. S., & Linderman, R. H. 1988 *Adult career concerns inventory: Manual for research and exploratory use in counseling*. Palo Alto, CA: Consultant Psychologists Press.

渡辺三枝子・ハー，E. L. 2001 キャリアカウンセリング入門—人と仕事の橋渡し ナカニシヤ出版

5 ハリィ・ジェラット Harry B. Gelatt
キャリア発達における意思決定

　ジェラット（Harry B. Gelatt）は，1960年代初頭から今日に至るまで，意思決定（decision-making）に関する研究を，教育機関における臨床現場（主には進路指導・相談）に携わりながら精力的に行っている。途中，1989年に，彼は研究の方向性を大きく変えた。彼の言葉を借りれば，前半の業績は，左脳を使った意思決定の教育に関するもの，後半の業績が，右脳も使って不確実性を積極的に受け入れ，将来に向かって意思決定を創造することに関するもの，と特徴づけることができる。前後半に共通する目的は，「キャリア発達における意思決定の仕方」をガイダンスする際の枠組みを構築しようというものである。

　「タイラー（Tyler, 1958）がいうように，社会生活とは選択の連続である。また，進路指導やカウンセリングの目的は，可能性を現実にする手助けをすることである。しかし，潜在的な可能性と現実とは，元来乖離しているものである（Rothney, 1958）。その距離を近づける過程にある意思決定にかかわるガイダンスが必要なのである」（Gelatt, 1962）。

あいまいで，かつ，変化し続ける世の中に対応して，理論を柔軟に変化させていく彼の研究キャリアは，後半の理論である，「不確実性を積極的に受け入れ，将来に向かって意思決定を創造する（creative decision making using positive uncertainty）」ということを，実践しているといえよう。

1. 個人的背景

ジェラットは，カリフォルニア州立大学で心理学の学士号を，スタンフォード大学でカウンセリング心理学の修士号および博士号を取得している。進路指導に関する数々の研究業績をかさね，現在はコンサルタント，執筆家としても活躍している。2000年には来日し，彼の理論の主要概念である「積極的不確実性（positive uncertainty）」に関する講演を行い，激化する日本の就職活動に対して示唆を与えた。

さらにジェラットは，カウンセラー，スクール・カウンセラー，スクール・サイコロジスト（地域単位で在籍する，特殊教育に関与する専門家）などの臨床経験も豊富である。移り変わる世界，経済，労働市場，そして，それらの変化に対応したクライアントの多様性を，彼が現場をとおして肌で感じたことは，確かに理論に生かされている。1989年に発表された論文において，研究の方向性を大きく変えたことも，おそらくは現場に合致した理論をめざした結果のことであろう。また，この方向性の転換は，ジェラットみずからが述べているように，物理学における量子力学のパラダイム変換の影響[1]を多分に受けている（Gelatt, 1989）。

進路指導やカウンセリングにおける業績以外にも，未来学といっ

---

(1) 第11章において「カオス理論の影響」として詳述。

たキャリアに深く関わる学問でも活躍を続けている。また，第6章に登場したクランボルツとは，テニス仲間で大の仲良しである。

　ジェラットは，先に述べたように，前後期で考え方を大きく変えている。このため，理論的背景に続けて，前期理論の概略に触れ，それを受ける形で後期理論の主要概念を述べることとする。

２．理論的背景（意思決定アプローチとジェラットの前期理論）

　キャリア発達における意思決定アプローチは，経済学・数学における「意思決定（decision-making）」研究の成果をもとにしている。そこでは，以下のようなステップを意思決定に仮定する。

　1. 目標をはっきりと定義する。
　2. 情報を集める。
　3. 情報の関連性を分析する。
　4. 可能な選択肢を並べる。
　5. それぞれの選択肢の結果を評価する。

　上記のステップに，さらにキャリア発達における意思決定独自の特徴を取り込んだ2つの研究が1950年代になされた。

　キャリア発達における意思決定には3つのステージが存在することを提唱したブロス（Bross, 1953）の研究と，キャリア発達における意思決定には性質の異なる2つのタイプがあることを提唱したクロンバックとグリサー（Cronbach & Gleser, 1957）の研究である。

　それらとの関連から，ジェラットの前期理論（Gelatt, 1962）を紹介することにしよう。

(1) 予測システムと価値システム

　ブロス（Bross, 1953）が仮定したキャリア発達における意思決定の3つのステージとは，期待効用理論を応用した，次のようなもの

である。

1. まず，個人は「予測システム」において，選択肢それぞれが もたらす結果の起こりうる可能性を判断する。
2. その後，「価値システム」において各選択肢の結果の好ましさ を判断する。
3. こうした2つのシステムから，「決定基準」ができあがり，決 定する。

各ステージで判断された基準（可能性と好ましさ）が決定の際ま で維持されて，決定がなされると仮定することから，「一貫性」を 重視した理論であるといえよう。〈事例1〉

ここで，ジェラットは実践的な問題意識をもった。ブロスのいう 3ステージを通して，人間は実際「一貫して」「合理的に」決定を行え るのであろうか。行えないのであれば，予測システムと価値システ ムの両システムから算出された基準に基づいて，合理的に決定を行 えるよう援助するガイダンスこそが必要であると考えたのである。

〈事例1〉

就職活動中のBくんは今，自動車メーカーと，国家公務員，商 社という選択肢をもっているとしよう。Bくんにとって，どの選択 肢が起こりうる可能性が高いのだろう（1.予測システム）。また， どの結果がBくんにとって一番幸せな職業生活を送れるのだろう （2.価値システム）。それぞれを正確に見積もって得られた基準（3. 決定基準）から，Bくんは決定を行うことが想定される。

(2) ジェラットの前期理論① 主観的可能性（subjective probability）

ジェラットは意思決定の3ステージのうち，価値システムにおけ る人間が陥りやすい「誤り」に注目した。キャリアにおける意思決

定に当たっては，自分の興味に関連しているからこそ，望ましいものに思えてくる（Thomas, 1956）という，主観的可能性が採用されやすいと示唆したのである（Gelatt, 1967）。

そこで，主観的可能性による誤った判断や，不合理な判断を避けるため，客観的なデータを収集し，それを検討して，それぞれの結果の有用性を「実証的に」決定できるようなガイダンスが必要であることを主張した。客観的なデータを「燃料」として意思決定に活用していこうという枠組みである（Gelatt, 1962）。

このように述べると，客観的なデータを与えて，正しい道筋を指し示す「コントロール」のようなガイダンスを思い浮かべる方もいるだろうが，ジェラット自身も述べるように，このガイダンスの枠組みは，誤りに満ちがちな主観的可能性に縛られない「フリー・チョイス」を進行させることをめざしている。なぜなら，客観的なデータを与えることにより，主観的な思い込みでは，自分には無理だと考えていた選択肢にも，可能性があることを気づかせることもできるからである。すなわち，主観的な思い込みで狭められていた選択肢の範囲よりも，より幅広い範囲のなかから選択できるようになるかもしれないのである。

(3) 探索的決定と最終的決定

クロンバックら（Cronbach & Gleser, 1957）は，個人がみずからのキャリアを確定する際の決定を「最終的決定（terminal（final）decision）」，それまでに行う決定を「探索的決定（investigatory decision calling for additional information）」とし，キャリアにおける意思決定を2つに分類した。

すなわち，個人が選択肢を絞っていくような決定を探索的決定とし，最終的にキャリアを落ち着かせる決定を最終的決定と位置づけたのである。

　この分類は，キャリアとは個人が職業に関連した「生涯をとおした」役割・経験である，という「継時性」[2] が強調されているといえよう。1つの決定で，個人のキャリアが決定されるわけではなく，キャリアが進行するなかで，個人は幾度となく決定をしなければならないのである。

　ここでもジェラットは，実践的な問題意識，すなわち，探索的決定から，最終的決定へと連続的にスムーズに進行するためにはどうすればよいのか，それを援助するにはどうすればよいのかということに関心を抱いた。

(4) ジェラットの前期理論②　連続的意思決定プロセス（the sequential decision-making process）

　ジェラットは，スムーズに探索的決定から最終的決定へと意思決定が進行するプロセスとして，「連続的意思決定プロセス」を提唱

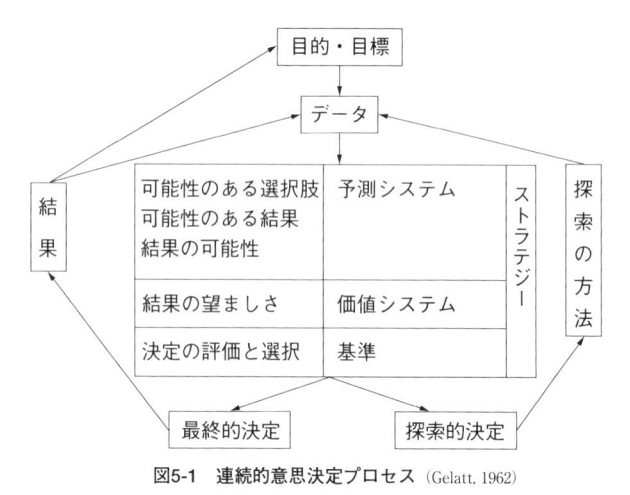

図5-1　連続的意思決定プロセス (Gelatt, 1962)

---

(2) 第1章 p.17「キャリアに含まれる意味」のうち「時間的流れ」に関連。

した（図 5-1 参照）。

　このプロセスに照らし合わせて，カウンセラーは，クライアント
が，探索的決定を進行中で，探索の方法についての情報が不足して
いるのか，予測システムや価値システムにおいて，可能性を見積も
ったり，好ましさを判断したりすることに戸惑っているのか，それ
とも，最終的決定を終えて，新たな目的・目標を設定することに不
具合を感じているのか，などを検討することができるのである。

　さらにジェラットは，「連続的意思決定プロセス」を進行させる
ためのガイダンスの枠組みを示している。プロセスに沿ったガイダ
ンスのエッセンスを参考までにトピックスに記した。

連続的意思決定プロセスに沿ったガイダンス

■情報収集を行わせる。

■意思決定の時機を捉えさせる。

■人が陥りやすい以下の誤りに注意させる。

　① inability：正確に選択肢の可能性を評価できない。

　② lack：あり得る選択肢を網羅できない。

　③ known － selection perception：選択的な知覚（頭にあるもの
　　しか認識しない）。

　特に，③については，「人間の本質とは，疑い深いというより，
　信じ込みやすい」（Larrabee, 1945）ものであるから，積極的に疑
　わせる（positive-doubting）ことは，非現実的な期待（unrealistic
　expectation）を防ぐのに効果的である。

■眼前の決定が究極的目標を促進させることを理解させる。

　上記の点に留意しながら決定を行うことは，現実を吟味し，自己
　概念（self-concept）を発達させることになる。こうして，曖昧で，
　試行的で，焦点が絞れていなかったゴール（幅広い目標）を，一

貫した方向へと収束させることができるであろう。

■連続的意思決定のプロセスを理解させる。

連続的意思決定プロセスのステップ

①全選択肢に気づく。

②十分な情報を得る。

③情報の関連性と信頼性を検討する。

④価値システムから，それぞれの結果を評価する。

■実行ガイダンスを評価する。

連続的意思決定モデルに沿って，意思決定が遂行できるようになったか，また，自分が行った決定の責任をとることができるようになったかを，実行したガイダンスが効果的であったかの指標とし，それを適宜評価する。

(Gelatt, 1962 をもとに作成)

　ジェラット自身は，このガイダンスを次のように表している。

　「デューイ (Dewey, 1933) の『反省的な思考 (reflecting thinking)』に関連させて，選択的に知覚を行う人間の傾向に対しての警告を発する，科学的な方法の応用である」(Gelatt, 1962)。

　ジェラットは，個人がみずからの可能性を最大限に生かせるような意思決定を援助するという視点から，ガイダンスのノウハウを提供することをめざして研究を続けている。こうしたなか，80年代の後半に入って，個人がみずからの可能性を最大限に生かせるような意思決定を援助するためには，アプローチを修正する必要が出てきた。

3. 理論上の主要概念 (後期理論：左脳だけでなく，右脳も使った意思決定)

(1) 後期理論の社会的背景

　ジェラットが研究の方向性を大きく変えた 80 年代の終わりは，第 11 章で紹介する「カオス理論」に代表される複雑系の科学が注目され，教育分野においては，個性の尊重や，創造性（creativity）が注目され始めたころである。

　また，変化の激しい労働市場においては，与えられた情報が必ずしも，ある個人が職業生活をまっとうするまで真実であるとは限らなくなった。さらに，本人自身の興味・価値観も，様々な経験を積むうちに変化するかもしれないのである。

　このような社会的背景は，先述した定型的なガイダンスの枠組みにも，柔軟性を要求することとなった。こうして，ジェラット（Gelatt, 1989）は，意思決定に関する文献だけでなく，科学の客観性や予測性に関する哲学的な研究から起こった疑問にこたえて，「個人の客観性と出来事の予測性についてのいくつかの仮定が，より幅広く，より不確かな見解に置き換えられるべきである」と述べ，「積極的不確実性（positive uncertainty）」を主要概念とするキャリアにおける意思決定の新たな枠組みを提示した。

　また，ジェラットがみずからの理論を翻すかのような，新たな枠組みを提示するに至ったのには，前述の社会的背景とは別に，意思決定理論における数々の研究成果がある。さらには，心理学の分野において，相互作用主義が主流を占めるようになり，個人は主体として環境に働きかける存在であることが強調されはじめたことも影響しているであろう。

(2) 積極的不確実性 （positive uncertainty）

　1 つの直線を指し示すような前節のガイダンス（眼前の決定が究

極的目標へと至らせる）では，補いきれない問題に直面し，ジェラット（Gelatt, 1989）は，「未来は存在せず，予測できないものである。それは創造され発明されるのである。合理的なストラテジーは時代遅れなのではなく，もはや効果的でないというだけである」と述べ，意思決定の新たなガイドラインとして，次の2点を提示した。

1. 情報は限られており，変化し，主観的に認知されたものである。
2. 意思決定は，目標に近づくと同時に，目標を創造する過程でもある。

このガイドラインは，前期理論と対立するものではなく，前期理論を補うものである。

1は「主観的可能性」を，2は「探索的決定」の発展といえよう。昨今の社会の不確かさを積極的に受け入れて，意思決定していくためには，ジェラットは，これまでのガイダンスがめざしていた，客観的で合理的なストラテジーだけでなく，主観的で直感的なストラテジーを統合して用いていかねばならないと考えたのである。

この新しいガイドラインでは，（思慮深い）想像力，直感，柔軟性が重要になってくる。

左脳だけではなく，右脳も使った意思決定とジェラット自身が呼んでいるのは，この性質のためであろう。すなわち，情報を「燃料」として取り入れるだけではなく，情報を選択や行動にあわせてアレンジしたり，アレンジし直したりすることも意思決定には必要となってきたのである。

こうして，合理的な認知処理に基づく意思決定過程をめざすというよりは，連続した相互作用のなかで，個人が現在と過去の状況をどのように理解し，自己に対するそれらの意味づけをどのように行うのかといったことにも焦点が当てられるようになったのは，ジェ

ラットの貢献である〈事例2・3〉。

〈事例2〉

　Bくんの現況：国家公務員の模擬試験を受けたり，自動車メーカーの営業パーソンや，商社に勤める人と話したりして，やはり商社に勤める道を選択しました。念願かなって，海外赴任2年目ですが，実際に海外で職業生活を送ってみて，国民性の違いに驚くと同時に，それに対して大変興味を抱きました。そういった国民性の違いを，単一国家である日本の子どもたちに早くから教える必要があるのではないかと感じています。

〜「積極的不確実性」に基づく解釈〜

　Bくんは，海外を飛び回ることに憧れていた。それは，様々な異文化に接する海外旅行の経験から来ていた。現に，商社に勤めている今，異文化コミュニケーションへの興味が一層深化し，自分のなかで消化するには飽き足らず，次世代にその重大さを伝えるといったキャリアを歩もうとしている。

〈事例3〉

　Cくんの現況：やりたいことはたくさんあったし，それについて情報を集めてみたけど，結局決められず，気づいたらフリーター4年目。好きな趣味にも没頭できています。でも，恋人といつかは結婚したいなとも思っているし，両親を安心させたいし，そろそろ定職に就こうかなと思っています。でも，周りからの要請ではなく，自分自身ともう少し向き合って決めたいなと思っています。

〜「積極的不確実性」に基づく解釈〜

　Cくんは，流されたくなくて（大学を卒業するから，皆が働いているから），フリーターになった。今，経済的な必要性や，年齢的な制限が彼に襲いかかっている。しかし，彼は，フリーターを場つ

なぎではなく，主体的に意思決定するための準備期間と捉え直し，自ら定職に就くということや，どの業種にするのかということに対して，自分なりの理由を探し出そうとしている（目標を創造し，自己決定する）。

4. キャリア・カウンセリングへの応用

ジェラットの後期理論は，カウンセリングに用いる技法というよりは，キャリアの意思決定のプロセスに関する新たなパラダイムを提示したといえる。

そのパラダイムとは，ジェラットの日本での講演会（2001）での言葉を借りれば，

・左脳ばかり使うのではなく，右脳も使う意思決定

・夢見ることを大切にする意思決定

というものである。

ここで誤解してはいけないのは，この新たなパラダイムは，今までの合理的な意思決定パラダイムを否定するものではなく，今日のキャリアをとりまく状況により合致するためにこれまでのパラダイムを補完するものである。依然，意思決定は，情報収集，選択肢の絞り込みというステップを踏むのであるが，その際に合理的・認知的な側面だけでなく，夢や創造性といった側面がむしろ重要な時代となってきたのである。

未来の予測が不可能な現代においては，夢やビジョンをもつことこそが，その不確実性を歓迎し（積極的不確実性），未来を創造していく原動力となりうるのである。

5. 考察：ジェラットの理論の日本における有用性

　終身雇用制が衰退するにつれて，キャリアには意思決定がつきものだということが日本でも受け入れられ，ジェラットの理論が注目されている。しかし，これまでも個人のキャリアには意思決定はつきものであった。だからこそ，まずは，キャリアそのものが意思決定の連続であることに個人が気づくために彼の理論は活用されるべきであろう。就職や転職という大きな意思決定のみに価値をおき，日々起こる小さな意思決定を見逃さないためにも……。意思決定の重要性を個人が認識してはじめて，意思決定を行う際の援助が効果を発揮するのである。

　ジェラットが，キャリアの立ち上がる初期段階である「進路指導・相談」に焦点を絞ったのは，そこで身につけたノウハウを長いキャリアを歩むなかで起こるたくさんの意思決定において，活用してほしいと考えたからでもあろう。

　日本では，就職活動の大変さで脅して（というと語弊があるが），できるだけ早くから就職活動を始めるように促したり，履歴書の書き方や面接のこなし方を教えたりすることはあっても，意思決定の進行過程についてのガイダンスは少ないように思う。先輩の失敗談，苦労談を紹介するのも一つの手だが，ガイダンスを行う側が，意思決定のステップを理解することで，より効果的なガイダンスとなるであろう。

　さらには，行ったガイダンスが効果的であったのかを確かめるプロセスにおいて，ジェラットが述べる「連続的意思決定が行われるようになったか」「決定の自己責任がとれるようになったか」という基準も参考になるであろう。意思決定は誰にでも起こり，最終的に誰もが，自分自身で行うものなのである。

　また，現在手に入るすべての情報をコンピューターに入力して，

選択すべき職業をいわば合理的に導き出したとしても，永遠にその答えが正答であり続けるとはいえない。現代においては，クロンバックとグリサー（Cronbach & Gleser, 1957）の枠組みからいえば，「最終的決定（terminal decision（final））」はありえず，いつも「探索的決定（investigatory decision（calling for additional information））」といえるのではなかろうか。

　これは何も変化の激しい世の中に対して，変わることを恐れたり，どうせ変わるのだからと開き直ったりすることを意味しているのではない。前期の理論で述べられていた，起こりうる結果の可能性の見積もりが主観的になりがちであるということを心にとどめておくだけではなく，周りの状況や自分の目標も疑ってかかる，すなわち，常に自分のキャリアをふりかえり，探索し続けることによって，新たな意思決定に柔軟に主体的に関与していく重要性をジェラットは唱えているのである。

　ジェラットが，前述の日本での講演で強調していた言葉で締めくくることにする。

　「夢見ることを忘れずに」。

決定−未決定の２分類から，プロセスとしての職業選択

　ジェラットの理論は，合理的で客観的な意思決定を一義的によいとすることへの疑問を投げかけたものである。しかし，そもそも「決定」しているだけで，適応的とはいえない。

　自身の職業として何を志望するのかを決定している（決定）⇔決定していない（未決定）に２分類し，その違いを明らかにしようという研究が古くから行われてきた。しかし，未決定にも決定にも多様なサブタイプがあり，２分法でみることは危険であることがわかってきた。たとえば決定していたと

しても満足度の程度や，未決定だとしても自身の問題視の程度によって，いくつかのサブタイプ[1]に分けられ，必要な介入も異なるのである。

　特に就職活動前における決定の程度の高さは，就職活動を実際に行う前に，自分の就きたい企業を絞りこんでいたり，自分の就きたい企業に対するイメージが固まっていることによる。一方で，今日の就職活動では，必ずしも自分の志望する企業に就職できるとは限らず，また，活動を通して，新たに自分に合う職や会社が見つかるかもしれない。そうなると，決定の程度が高いことにより，就職活動から得られた現実の情報との折り合いがつけられず，また，柔軟な対応もできず，活動終了時において，結果的に選択過程に対する満足感，およびキャリア展望の形成度が低くなることもあるのである。こうした決定の程度の高さが及ぼす不適応性は，アイデンティティ研究の早期完了と類似の傾向といえる。探索や自己査定をするという努力や，決定していないというあいまいさを避けるために，ある決定に身をゆだねたのかもしれないのである。

　変化の激しい現代においては，人生という長い年月に対して一つの職業にコミットメントするよう期待することは，個人にとっても社会的な見解からしても，非現実的であり，自己を脅かしてしまうこともある。スーパー（Super, 1990）が述べるように，変化する自己と状況の中で，マッチングの過程は決して完全には達成されず，断念と統合の過程こそキャリアなのである。すなわち，職業選択とは，長い準備期間の後に起こり，また，その選択後も職業生活や他の人生における役割にも適応すべき長い期間が続くと想定する。

　このように考えると，職業選択は，志望する職種を決定す

る，あるいは職を得るという一過性の「イベント」，ましてや決定－未決定で 2 分類できるものではなく，人生という大構造の中に組み込まれるべき「プロセス」[2]なのである（Super, 1980, 1990; Blustein, Phillips, Jobin-Davis, Finkelberg, & Roarke, 1997; Worthington & Juntunen, 1997; Lent & Worthington, 1999）。

---

(1) サブタイプを分類するために用いられた変数は，満足度や問題視の程度以外にも，不安やローカスオブコントロール，セルフエスティームなど研究によって様々である。
(2) 意思決定を連続的な過程として見るというプロセス観は，アイデンティティ研究においても，アイデンティティの地位は危機と探索の「結果」なのではなく，継続する過程とする（Vondracek, 1992）という考え方とも一致する。

【参考文献】

Blustein, D. L., Phillips, S. D., Jobin-Davis, K., Finkelberg, S. L., & Roarke, A. E.　1997　A theory-building investigation of the school-to-work transition. *The Counseling Psychologist*, **25**(3), 364-402.

Bross, I. D.　1953　*Design for decision*. New York: Macmillan.

Cronbach, L., & Gleser, G. C.　1957　*Psychological tests and personnel decisions*. Urbana: University of Illinois Press.

Dewey, J.　1933　*How we think: A restatement of the relation of reflective thinking to the educative process*. New York: Heath.

Gelatt, H. B.　1962　Decision making: A conceptual frame of reference for counseling. *Journal of Counseling Psychology*, **9**, 240-245.

Gelatt, H. B.　1967　Role of subjective probabilities in the decision process. *Journal of Counseling Psychology*, **14**, 332-341.

Gelatt, H. B.　1989　Positive uncertainty: A new decision-making framework for counseling. *Journal of Counseling Psychology*, **36**, 252-256.

Larrabee, H.　1945　*Reliable knowledge*. Cambridge: Houghton Mifflin.

Lent, R. W., & Worthington, R. L.　1999　Applying career development theories to the school-to-work transition process. *The Career Development Quarterly*, **47**, 291-295.

Rothney, J. W. M.　1958　*Guidance practices and results*. New York: Harper.

Super, D. E.　1980　A life-span, life-space approach to career development. *Journal of Vocational Behavior*, **16**, 282-298.

Super, D. E.   1990   A life-span, life-space approach to career development. In D. Brown, L. Brooks, & Associates(Eds.), *Career choice and development*(pp.197-261). San Francisco: Jossey-Bass.

Thomas, L. G.   1956   Prospects of scientific research into values. *Educational Theory*, **6**, 200.

Tyler, L. E.   1958   Theoretical principles underlying the counseling process. *Journal of Counseling Psychology*, **5**, 3-10.

Vondracek, F. W.   1992   The construct of identity and its use in career theory and research. *The Career Development Quarterly*, **41**, 130-144.

Worthington, R. L., & Juntunen, C. L.   1997   The vocational development of non-college-bound youth: Counseling psychology and the school-to-work transition movement. *The Counseling Psychologist*, **25**, 323-363.

6 ジョン・クランボルツ John D. Krumboltz
学習理論からのアプローチ

　クランボルツ（John D. Krumboltz）の理論では,「学習し続ける存在」としての人間が強調されている。すなわち,人間は新しい行動を獲得したり,これまでの行動を変容していくことが可能である,ということだ。また,現代のように変化の激しい時代であるからこそ,偶然にもたらされた機会をみずからの主体性や努力によってキャリアに生かしていく,という姿勢が必要なのではないか,とクランボルツは近年主張している。

1. 個人的背景

　現在スタンフォード大学名誉教授であり,米国心理学会のフェローおよび米国科学推進協会の会員である。3回にわたり,American Personnel and Guidance Association（現アメリカ・カウンセリング学会 American Counseling Association：ACA）からその優れた研究に対して表彰を受けている。著書には,『Changing Children's Behavior』があり,一貫して臨床場面における学習理論からのアプローチを提唱している。

　近年では,1999年にJournal of Counseling and Development 誌に

「Planned Happenstance: Constructing Unexpected Career Opportunities（計画された偶発性──予期せぬ機会を作り出すこと──）」を掲載し，2001年には，慶應義塾大学キャリア・ラボ・シンポジウムにて，「予期せぬキャリア上の出来事」をいかに作り出すか，について彼自身のエピソードを例にあげながら講演した。2004年にはレヴィン（A. Levin）との共著による『Luck is no Accident』を出版し，『その幸運は偶然ではないんです！』（2005）として翻訳，出版されている。

2．理論的背景

　クランボルツの理論を理解する上で，「学習」という概念が心理学ではどのように用いられているかをまず理解しておく必要があるだろう。「学習」と聞くと，どのようなイメージをもたれるだろうか？　「学校での勉強」をイメージされる方も多いのではないだろうか。心理学では，「学習（learning）」を「経験の結果生じる，比較的永続的な行動の変化・変容」と定義する。すなわち，ある経験によって，新しい行動を獲得したり，今までとは異なる行動をとったりできるようになることを意味する。

　クランボルツの理論は，社会的学習理論（social learning theory）を基礎においている。社会的学習理論は，従来の学習理論では説明しきれない人間の行動を包括的に説明する理論として，バンデューラ（A. Bandura）により提唱されたものである。「社会的学習」には2つの意味が含まれる。学習の様式が社会的であるという意味と，学習される内容が社会的であるという意味である。すなわち，他人を介して，社会的行動が獲得される過程に焦点を当てた理論が社会的学習理論である，といえる。そこで，バンデューラは，従来の学習理論で説明されてきた直接経験による学習に加え，観察学習を強

調した。また，学習における予期の重要性に注目し，自己効力感を提唱した。

（1）行動の獲得：学習

　社会的学習理論というと観察学習のみがクローズ・アップされがちであるが，社会的学習の枠組みでは，行動の獲得の過程として直接経験による学習と観察学習の2種類を想定している。より基本的な学習のパターンは，直接経験に根ざすもので，主に，ある行為に関する罰や報酬によって決定される（Bandura, 1971b）。

①直接経験による学習

　直接経験による学習とは，スキナー（B. F. Skinner）のオペラント条件づけの考え方に基づくものである。スキナーは，自発された行動がそれに後続する事態によって獲得・維持されていく過程をオペラント条件づけと呼び，パブロフ（I. P. Pavlov）の条件反射にあたる条件づけ（＝レスポンデント条件づけ[1]）と区別をした。

　オペラント条件づけは，弁別刺激→反応→強化子という3項の関係（＝3項随伴性）から成立すると考えられている。弁別刺激とは反応が生ずる機会を与える刺激であり，強化子とは，反応の後に続き，反応を増加させる機能をもつ刺激のことをいう。強化子には，正の強化子（positive reinforcer）と負の強化子（negative reinforcer）がある。正の強化子は，反応の後にそれが続くことにより反応が増

---

[1] レスポンデント条件づけ：食べ物を見せられると犬は唾液を分泌するが，これは自然に起こる「無条件反射」である。この場合，反応の引き金となるのは食べ物であり，これを「無条件刺激」と呼ぶ。もし，ベルを鳴らしながら，犬に食べ物を見せるということを数回繰り返すと，犬はベルの音だけで唾液を分泌するようになる。この場合のベルの音を「条件刺激」と呼び，ベルの音だけで唾液が分泌される反応を「条件反射」と呼ぶ。このように，無条件刺激と条件刺激を対呈示するという手続きをレスポンデント条件づけと呼ぶ。

加する刺激であり，負の強化子は反応の後にそれが消去したり，呈示が遅延することによって反応が増加する刺激である。

　たとえば，赤信号をわたるという行動を考えてみよう。ある人が急いでいて，赤信号のときに走って横断歩道をわたったとする。結果として，何事もなく横断歩道をわたり，乗りたかった電車に飛び乗ることができたとしよう。この人の場合，この後も赤信号で横断歩道をわたるという行動が維持されることは想像されよう。これをオペラント条件づけの枠組みで説明すると，次のようになる。「赤信号」という弁別刺激のもとで，「横断歩道をわたる」という行動が，「電車に間に合った」という正の強化子によって獲得・維持されるのである。では，赤信号で横断歩道をわたっているときに車にクラクションを鳴らされたらどうであろうか。普通の神経の持ち主であるならば，当分は赤信号で横断歩道をわたるという行動は減少するはずである。しかし，その後クラクションを鳴らされない状況が続けば，赤信号で横断歩道をわたるという行動は増えてくるだろう。この場合は，「赤信号」という弁別刺激のもとで，「横断歩道をわたる」という行動が，「クラクションを鳴らされる」という負の強化子の消去によって増加してくるのである。

②モデリングによる学習＝観察学習

　バンデューラは，学習が単に直接経験だけによるものであるならば，学習とはきわめて危険なものになると主張している。確かに，先の赤信号をわたるという行動を例にとってみても，車にひかれてからその行動をやめるようであれば，命がいくつあっても足りないであろう。むしろ，そのような行動は他人の行動を観察し，それをまねることによって行われることが通常である。たとえば，子どもは，親が赤信号をわたらないのを見て，自分も赤信号をわたらなくなるのである。「赤信号でわたってはいけないのよ」と子どもに教

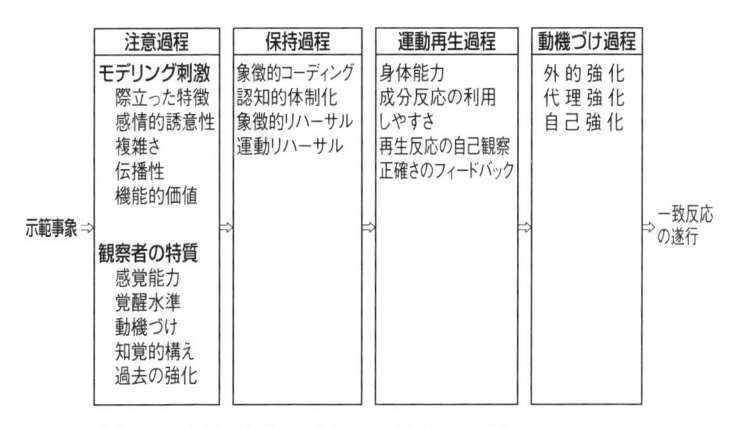

注意過程	保持過程	運動再生過程	動機づけ過程
モデリング刺激 　際立った特徴 　感情的誘意性 　複雑さ 　伝播性 　機能的価値 **観察者の特質** 　感覚能力 　覚醒水準 　動機づけ 　知覚的構え 　過去の強化	象徴的コーディング 認知的体制化 象徴的リハーサル 運動リハーサル	身体能力 成分反応の利用 しやすさ 再生反応の自己観察 正確さのフィードバック	外的強化 代理強化 自己強化

示範事象 ⇨ 　　　　　　　　⇨ 　　　　　⇨ 　　　　⇨ 　　　　⇨ 一致反応の遂行

図6-1　社会的学習理論による観察学習の下位過程　Bandura, 1971a)

えながらも自分は赤信号をわたる親の子どもは，往々にして赤信号をわたる可能性が高い。

　バンデューラはモデリングの過程には，注意過程，保持過程，運動再生過程，動機づけ過程の4過程があると提唱している（図6-1参照）。

（a）注意過程

　モデリングの第1段階である注意過程は，無数にある情報のうちどの情報に注目し選びとるのか，という過程である。注意過程はモデリング刺激と観察者の特質の双方の影響を受ける。モデリング刺激の中心はモデルとなる人やその行動の特徴である。モデルが観察者と同集団に属する人であったり，魅力的な人であったりする場合にはより注意を引く傾向がある。観察者の特質としては，認知能力や覚醒水準が，モデリング刺激に注意できる程度に関係してくる。認知能力が高く，覚醒水準の高い観察者ほど，モデル刺激に注意を払うことができる。また，観察者が何に注目するかは，観察者のそれまでの経験によって形成された嗜好によっても異なってくる。観

察者の嗜好に合ったモデリング刺激はより注意を払われる可能性が高くなる。

(b) 保持過程

　モデリングの第2段階である保持過程は，注意過程で選択されたモデリング刺激が象徴的な形で記憶にとどめられる過程である。この際に用いられる表象形には，イメージと言語の2つがある。すなわち，映像的な形でイメージとして記憶に保持されることもあれば，それを言語的に記号化して記憶に保持されることもある。特に言語的な記号化は，観察学習の速度を速めたり，モデリング刺激を長く保つことに貢献している。

　また，象徴的な記号化に加えて，リハーサルをするかどうかが保持過程には影響を与える。リハーサルとは，モデル刺激を心のなかで再演してみたり，実際にやってみたりすることである。リハーサルを行うことによって，モデリング刺激はより長時間保持される。

(c) 運動再生過程

　モデリングの第3過程である運動再生過程は，保持過程で記憶にとどめられた象徴的表象を実際の行動に変換する過程である。ここでは，象徴的表象を手がかりに，モデルによって示された行動と一致した行動を再生しなければならない。同時に，観察者は自分の行動をみずから観察し，そこで得られたフィード・バックをもとに修正をかさねていく。

　この運動再生過程がうまく行われない原因として，保持されていた象徴的表象が適切でない場合がまず考えられる。また，たとえ象徴的表象が適切であっても，必要なスキルが欠如している場合には，モデルによって示された行動と一致した行動を再生することは不可能である。たとえば，どんなにすばらしい投手のピッチング・フォ

ームを観察し，それをイメージとして正確に記憶にとどめたとして
も，そのピッチング・フォームを行動に移すためには，その基礎能
力となる肩の強さやボールを思ったように投げるといった下位のス
キルが必要になってくる。

(d) 動機づけ過程

　モデリングの最終過程である動機づけ過程は，そこまでの過程で
習得した行動を実際に遂行するかどうかを決定する過程である。モ
デリング刺激を正確に保持し，それを再生できるところまで習得し
ていても，実際には遂行しないことがある。観察者は自分にとって
好ましい結果をもたらすであろうと予測をしたときに，習得した行
動を遂行する。その予測には，観察者が直接受ける報酬や罰のほか，
他者の同じ行動に与えられる報酬や罰（＝代理強化）や自分自身に
よる自己強化などが影響する。

(2)　自己効力感（self efficacy）

　バンデューラの社会的学習理論では，認知的要因の役割が特に強
調されている。特に行動の先行要因のなかでも，認知的要素である
自己効力感は最重要視されている。
　行動の先行要因としての予期は，大きく2つに分類できる。1つ
は自分の行動がどのような結果をもたらすかという結果予期であ
る。もう1つは，自分が適切な行動をうまくできるかどうかの効力
予期である（図6-2参照）。この効力予期を自己効力と呼ぶ。
　自己効力の知覚は，大きさ（magnitude），強さ（strength），一

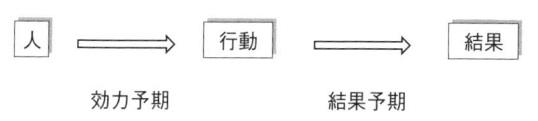

図6-2　効力予期と結果予期の関係 (Bandura, 1977)

般性（generality）の３次元に沿って変化をする。大きさとは，課題を難易度順に並べたときに自分がどこまで解決可能であるかという予期レベルのことである。強さとは，各課題をどのくらい確実にできそうか，という確信の程度を表す。一般性とは，ある特定の課題に対する自己効力がどのくらいまで一般化できるかの程度を表す。

　自己効力は主要な４つの情報源に基づいている。遂行行動の達成，代理経験，言語的説得，情動喚起である。遂行行動の達成とは，自分で必要な行動を実際に達成することができたという経験である。たとえば，最初の転職に成功した人は，その後もう一度転職しようとしたときには，転職がうまくできるかどうかという自己効力は高くなるであろう。代理経験とは，モデルを通じて自分にもできそうだという効力予期を形成することである。たとえば，友人が就職活動をうまくこなしているのを見て，自分も就職活動ができそうだと思えるような場合である。言語的説得とは，言葉による説得を反復して用いることにより，自己効力が高まるというものである。たとえば，「能力がある」と親に言われ続けて育った子どもは，はじめての課題を遂行しようとしたときであっても，その課題をうまく遂行できるだろうと思うだろう。情動喚起とは，生理的な状態によって効力予期が影響を受けるということである。たとえば人前で話すときに汗をかいた経験がある人は，次に人前で話そうとしたときにその感覚を思い出すことにより，効力感を低めるであろう。

3．理論上の主要概念

　クランボルツの学習理論は，先に説明したバンデューラの社会的学習理論を基礎におきながら，キャリア意思決定における社会的学習理論（Social Learning Theory of Career Decision Making: 以下

SLTCDM と略す）として理論化された（Krumboltz, 1979）。SLTCDM は，キャリア選択がどのように行われるのか，を社会的学習理論の立場から説明したものである。しかし，SLTCDM においては，キャリア・カウンセリングの場面において，キャリア・カウンセラーがクライアントをどのように援助していけばよいのかというところまでは言及されていなかったために，その後クランボルツ（Krumboltz, 1996）はキャリア・カウンセリングにおける学習理論（The Learning Theory of Career Counseling: 以下 LTCC と略す）を理論化するに至った。さらに，クランボルツら（Mitchell, Levin, & Krumboltz, 1999）は，不確実性の高まる時代のなかで，キャリア・カウンセラーがどのようにクライアントを援助していくかについて「計画された偶発性（planned happenstance）」を主要概念として提言している。

　ここでは，SLTCDM について説明し，第 4 節のキャリア・カウンセリングへの応用で LTCC,「計画された偶発性」について取り上げることとする。

（1）キャリア意思決定に影響を与える要因

　SLTCDM は，「なぜ特定の職業を選択するのか」「なぜ職業を変えるのか」「いろいろな職業に対しての好みがあるのはなぜか」といった質問に答えを与える理論であり，個人のキャリア意思決定に影響を与える要因として，4 つのカテゴリー，①遺伝的な特性・特別な能力，②環境的状況・環境的出来事，③学習経験，④課題接近スキルをあげている。

①遺伝的特性・特別な能力（genetic endowment and special abilities）

　遺伝的特性や特別な能力は職業的な好みやスキルを獲得するため

の能力に影響を与える。遺伝的特性には，性差（ジェンダー），民族，身体的外見，身体的障害などが含まれる。特別な能力には，知能や音楽・芸術に関する能力や運動能力などが含まれる。特別な能力は，遺伝的特性と選ばれた環境との相互作用の結果として生じてくる。

②環境的状況・環境的出来事（environmental conditions and events）

環境的状況や環境的出来事とは，個人のコントロールを超えている出来事であり，社会的力・政治的力・経済的力といったものである。より具体的にいえば，以下のような状況や出来事があげられる。雇用機会や訓練機会の数・質，社会政策や雇用者選抜の方法，様々な職種の金銭的・社会的報酬，労働法や労働組合法，自然災害，身の回りにある資源の入手可能性，技術開発，社会的組織の変化（例：福祉），家族の社会的・経済的資源，教育システム，コミュニティの影響力などである。

③学習経験（learning experience）

キャリア・パスの選択は，様々な学習経験の結果である。それぞれの学習経験を覚えてはいなくても，それらを総括した結論というものを個々人は有している。たとえば，「私は人を援助するのが好きだ」といった場合，この人は，人を援助することにより，誉められたり注意を引いたりといった肯定的な社会的結果を学習してきたはずである。もしくは，人を援助することにより同様の報酬を得ている他人を観察するという学習を経験してきているはずである。

SLTCDM においては，学習経験は道具的学習と連合学習の2つのタイプに分類される。道具的学習とは，先に述べた直接経験による学習と同意であり，行動の直後に生ずる結果によって強化される

ことで獲得・維持される学習である。図6-3 は，道具的学習の３つ
の構成要素─①先行条件，②行動，③結果を図示したものである。
先行条件には，遺伝的特性・特別な能力や環境的状況・出来事や課
題・問題が含まれる。行動には，外顕的行動のみではなく，表面に
は現れない認知的反応や情緒的反応といった内在的行動も含まれ
る。結果には，直後の影響と遅延した影響両方が含まれる。たとえ
ば，コミュニケーション・スキルに優れた子ども（先行条件）が，
人前で自分の意見を主張する（行動）機会をもち，周りからの評価
を得た（結果）場合，「人前で自分の意見を主張する」という行動
が獲得・維持されると考えられる。その学習を積みかさねていくこ
とが，「人前で自分の意見を主張する」行動が要請される職業
（例：政治家）の選択に結びつく。
　連合学習は，中性的な刺激とある反応が関連づけられることによ

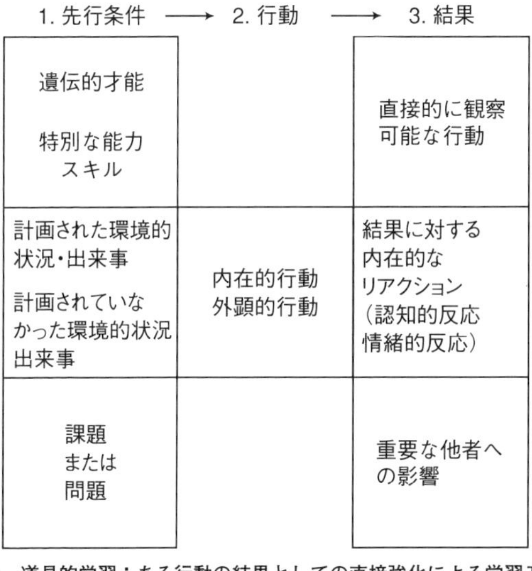

図6-3　道具的学習：ある行動の結果としての直接強化による学習モデル
（Mitchell & Krumboltz, 1996）

る学習である（図6-4参照）。連合学習には，先に説明したレスポンデント条件づけと観察学習の両方が含まれる。レスポンデント条件づけの例としては，小さいころ医者によく連れて行かれた子どもが，「医者」という中性刺激と「怖い」という情動が関連づけられることによって，「医者」という刺激が負の刺激として学習されることである。観察学習とは，同じく小さいころ医者によく連れて行かれた子どもが，医者が自分を診察した後に母親が医者に感謝するという場面を観察することにより，「医者」というモデルの行動と「母親からの感謝」という正の結果と関連づけられることにより，「医者」というモデルの行動が学習されることである。

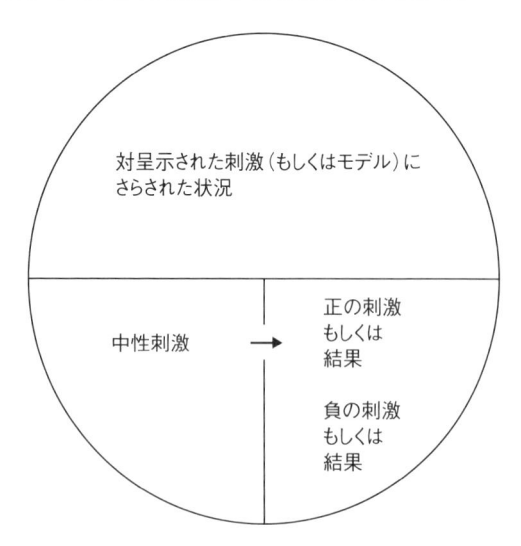

図6-4　連合学習：情報，代理経験などによる学習モデル
（Mitchell & Krumboltz, 1996）

④課題接近スキル（task approach skills）

　学習経験と遺伝的特性と環境的影響力の相互作用の結果が，課題接近スキルである。課題接近スキルには，課題への取り組み方や認

知プロセスや情緒的反応が含まれる。たとえば，先の例にあげた子どもが，「医者」というモデルの観察学習を通じて，医者になりたいと思ったとする。医学部に入るために必要な知的能力を彼が有しており，家庭としてもその経済的資源を有している場合，彼は医学部に入るであろう。そして，医学部に入った後，国家試験をパスするために，医学知識をマスターするための取り組みを行っていく。この過程が，課題接近スキルである。すなわち，「医者になる」という課題に対して，「国家試験をパスする」という目標を定め，そのために「医学知識を勉強する」などの取り組みをしていくことである。

(2) 4要因の結果としての信念・スキル・行動

　上記の4要因が複雑に影響し合って，信念・スキル・行動が結果として生まれる。

①信念（belief）：自己観察般化と世界観般化

　SLTCDMでは，自分自身に関する信念と仕事に関する信念の2つの信念が存在すると考えられている。自分自身に関する信念は，自己観察般化（self-observation generalizations）と呼ばれる。自己観察般化とは，自分自身のパフォーマンスを評価したり，自分自身の興味や価値観を査定したりする自己言述である。たとえば，人前でうまく話し，周りからも評価を得てきた人が「自分は人前で話すことが上手である」「自分は人前で話すことが好きである」といった自分に対する言述をもつことである。

　さまざまな学習を通じて，自分自身に関する一般化した言語化をすると同時に，自分をとりまく環境についても一般化した言語化をするようになる。それを，世界観般化（world-view generalizations）と呼ぶ。たとえば，「カウンセラーは生まれながらにして心の温か

い人だけに適した職業である」「医者は裕福な家庭に育った人だけ
がなれる職業である」といったような職業に関するステレオ・タイ
プ的な言述がここに含まれる。

　これらの自己観察般化，世界観般化双方ともに，個々人の学習経
験によって形成されるものであるために，その正確さはまちまちで
あり，学習経験が多ければ多いほど正確な言述が形成される，と考
えられている。

②課題接近スキル（task approach skills）

　課題接近スキルは，上記の4要因の1つでもあるが，これらの相
互作用を通じてさらなる課題接近スキルが形成される。課題接近ス
キルは，課題や活動に対して適応するためのスキルであり，キャリ
ア意思決定においては次の6つのスキルを含み，重要なものである
と考えられている（Krumboltz & Baker, 1973）。

1. 重要な状況を認識する。
2. 課題を現実的に定義する。
3. 自己観察般化や世界観般化を検証し，正確に査定する。
4. 広範囲の代替案を作る。
5. 代替案に関する情報を収集する。
6. 代替案を絞っていく。

③行動（actions）

　学習経験やその結果として生み出された信念やスキルによって，
自分のキャリアに向けての様々な行動を取るようになってくる。仕
事やトレーニング・プログラムに応募したり，仕事を変えたり，専
攻を変えたりすることがここに含まれる。

4. キャリア・カウンセリングへの応用

　SLTCDM は，すでに生じたキャリア・パスについての説明はできても，これからキャリアをどのように形成していったらよいのかといった問題を抱えたクライアントを援助するには不十分であると考えたクランボルツは，LTCC を提唱した。LTCC は，キャリア・カウンセラーがどのようにクライアントを援助するかについての理論である。

(1) クライアントが対処しなければならない動向

　1980 年代からアメリカ社会で吹き荒れた産業構造の再構築の影響を受けて，クランボルツは，クライアントが対処しなければならない現代社会の動向を 4 点指摘した（Mitchell & Krumboltz, 1996）。これらを以下に紹介するが，現代の日本においても，アメリカ同様の産業構造の変化と経済成長の低下が起きており，日本におけるキャリア・カウンセリングにおける前提としても意味あるものと思われる。

1. クライアントは，すでにある特性に基づいた意思決定ではなく，自分の能力や興味を広げていく必要がある。
2. クライアントは，職業が安定したものであると思い込むのではなく，変化し続ける仕事に対して準備をしなければならない。
3. クライアントは，診断を下されるのではなく，行動を起こすように勇気づけられる必要がある。
4. キャリア・カウンセラーは，職業選択のみだけでなくキャリア問題全般を扱う上での援助において主たる役割を担う必要がある。

⑵ キャリア・カウンセリングの目標

　LTCC においては，キャリア・カウセリングの目標を次のように述べている。

　「現在クライアントが有している興味・価値・能力にマッチした職業を見つけることではなく，変化し続ける仕事環境において満足のいく人生をクライアントが作り出していけるようにスキル・興味・信念・価値・職業習慣，個人特性に関する学習を促進させること」。

　ここで，クランボルツが強調するのが「学習」という概念である。なぜなら，クライアントがキャリア問題において混乱している場合の多くは，直面している問題がこれまでのスキルや興味を越えている場合であるからである。そして，今までの行動ではその問題が解決できない場合が多いからである。そこで，キャリア・カウンセラーは，クライアントの「新しい学習」を促す役割を担うのである。そして，アセスメントはマッチングのためではなく，「新しい学習経験」を作り出すために用いられるべきだと考えられている。たとえば，「新しい学習経験」の妨げとなっている信念（belief）を測定するために「Career Beliefs Inventory（Krumboltz, 1991, 1994）」を用いる。価値やパーソナリティもアセスメントの対象となるが，いずれも学習経験によって変容可能である，と考えている点が特徴的である。

⑶ キャリア・カウンセリングの介入方法

　キャリア・カウンセラーは，クライアントの新しい学習を促進させることを目的とすることは前述したが，その際に用いる介入方法には，①発達的・予防的介入と②治療的介入の2つがある。

①発達的・予防的介入

すべての人が何らかの形で「働く」以上，キャリア問題はすべての人にとっての問題であろう。そうであるならば，多くの人がキャリア問題に直面しそうなタイミングにおいて，教育プログラムや予防プログラムを提供することが必要となる。

具体的には，キャリア教育や，学校から産業界への移行をスムーズにするためのインターン・シップ制度や就職活動をともにするジョブ・クラブ・プログラムなどがあげられる。特に，実際の仕事を経験することのできるインターンシップは日本でも行われており，学生がシミュレーションによって実際の仕事状況を理解するための貴重な機会を提供している。

②治療的介入

発達的・予防的介入が，多くの人が直面するであろうキャリア問題に共通の介入方法であるのに対して，治療的介入はある個人に特定のあつらえられた介入となる。治療的介入には認知的介入と行動的介入の2つがある。

認知的介入には，目標の明確化，認知再構成，問題のある信念への直面化，認知リハーサル，ナラティブ分析，読書療法などがある。行動的介入には，ロール・プレイング，脱感作などがある。治療的介入の詳細についてはここでは省略するので，認知行動療法の文献などを参照していただきたい。

（4）計画された偶発性（planned happenstance）

クランボルツらはLTCCを改訂し，計画された偶発性理論（planned happenstance theory）を1999年に提唱した。

計画された偶発性理論では，従来のカウンセリング理論では望ましくないものと考えられてきた「未決定」を望ましい状態と考え，

クライアントが偶然の出来事を作り出し，認識し，自分のキャリア発達に組み入れていけるように支援することがキャリア・カウンセリングの目標である，と考えられている。さらに，計画された偶発性理論の立場からキャリア・カウンセラーへのアドバイスとして次の5点があげられている（Mitchell, Levin, & Krumboltz, 1999）。

①想定外の出来事がキャリアに影響を及ぼすことは普通のことであり，かつ当然のことであること，そして望ましいことであることを認識しなさい。

②未決定を治療すべき問題として捉えるのではなく，用意周到なオープンマインドな状態とみなしなさい。その状態は思いがけない未来の出来事をクライアントが利用することを可能にする。

③新しい活動を試みたり，新しい興味を開発したり，古い信念に疑問を呈したり，生涯にわたる学習を続けるための機会として，想定外の出来事を利用する方法をクライアントに教えなさい。

④将来，有益な想定外の出来事が起こりやすくなるように行動をはじめることをクライアントに教えなさい。

⑤クライアントがキャリアを通して学習できるよう継続的な支援をしっかり提供しなさい。

さらに，クランボルツは2009年にハップンスタンス学習理論（happenstance learning theory）を提唱し，個人個人が人生を通してたどるそれぞれの道がどのようになるのか，そしてそれはなぜなのか，を説明しようと試み，キャリア・カウンセラーがそのプロセスを促進する方法について言及した。そして，次の4つの命題を提示している。

①キャリア・カウンセリングの目標はさらに満足できるキャリアや個人的な生活に到達するための行動をクライアントがとれるようになることを支援することである。

②キャリア・アセスメントは個人の特性と職業の特性をマッチングするために用いるのではなく，学習を促すために用いられるのである。

③クライアントは有益な想定外の出来事を作り出す方法として，探索的な行動に携わることを学習する。

④キャリア・カウンセリングが成功したかどうかは，キャリア・カウンセリングのセッションの外にある現実の世界でクライアントが何を成し遂げたかによって評価される。

　ここまで理論に沿って，計画された偶発性（プランド・ハップンスタンス）の考え方について述べてきたが，事例から具体的なイメージをつかみたい場合には，2004 年に出版された『Luck is no accident.（邦題：その幸運は偶然ではないんです！）』を一読されると良いだろう。45 人の事例を紹介しながら，キャリアにおいて予想外の出来事が起き，本物のチャンスに変わるときにはその人自身が重要な役割を果たしていることが描かれている。

5. 考　　　察

　クランボルツの理論において，一貫して強調されているのは，学習し続ける存在としての人間の姿である。前述したように「学習」とは「新しい行動を獲得したり，行動を変化させること」である。人は従来の行動を変化させたり，新しい行動を獲得することによって，変化し続ける環境に適応していくことができる，と考えられている。この考え方は，変化の激しい現代において，キャリア問題に直面し続ける人々に勇気を与えるものであろう。

【参考文献】

Bandura, A.　1971a　*Psychological modeling: Conflicting theories.* Chicago, IL: Aldine-Atherton.（原野広太郎・福島脩美訳　1975　モデリングの心理学―観察学習の理論と方法　金子書房）

Bandura, A.　1971b　*Social learning theory.* New York: General Learning Press.（原野広太郎・福島修美訳　1974　人間の行動の形成と自己制御　金子書房）

Bandura, A.　1977　*Social learning theory.* Englewood-Cliffs, NJ: Prentice-Hall.（原野広太郎監訳　1979　社会的学習理論　金子書房）

Krumboltz, J. D.　1979　A Social learning theory of career decision making. In A. M. Mitchell, G. B. Jones, & J. D. Krumbolts（Eds.）, *Social learning and career decision making.* Cranston, RI : Carroll Press.

Krumboltz, J. D.　1991　*Manual for the Career Beliefs Inventory.* Palo Alto, CA : Consulting Psychologist Press.

Krumboltz, J. D.　1994　The Career Beliefs Inventory. *Journal of Counseling and Deveopment,* **72**, 424-428.

Krumboltz, J. D.　1996　A learning theory of career counseling. In M. Savickas & B. Walsh（Eds.）, *Handbook of career counseling theory and practice.* Palo Alto, CA : Davies-Black.

Krumboltz, J. D.　2009　The happenstance learning theory. *Journal of Career Assessment, 17*（2）, 135-154.

Krumboltz, J. D., & Baker, R. D.　1973　Behavioral counseling for vocational decision. In H. Borow（Ed.）, *Career guidance for a new age.* Boston, MA: Houghton Mifflin.

Krumboltz, J. D., & Krumboltz, H. B.　1972　*Changing children's behavior.* Kent, OH : Prentice Hall.

Krumboltz, J. D., & Levin, A.　2004　*Luck is no accident: making the most of happenstance in your life and career.* Atascadero, CA: Impact Publishers.（花田光世・大木紀子・宮地夕紀子訳　2005　その幸運は偶然ではないんです！　ダイヤモンド社）

Mitchell, L. K., & Krumboltz, J. D.　1996　Krumboltz's learning theory of career choice and counseling. In D. Brown, L. Brooks, & Associates（Eds.）, *Career choice and development*（3rd ed.）. San Francisco, CA: Jossey-Bass.

Mitchell, K. E., Levin, A. S., & Krumboltz, J. D.　1999　Planned happenstance: constructing unexpected career opportunities. *Journal of Counseling & Development,* **77**（2）, 115-124.

7 エドガー・シャイン Edger H. Schein
組織内キャリア発達[1]

　シャイン（Edger H. Schein）は「組織心理学」という語の生みの親であり，組織開発の専門家として日本においては経営学分野で高い評価を得てきた。

　シャインは組織心理学者であると同時にサイコセラピストでもある。キャリア形成が話題を集めるようになった昨今，シャインは「キャリア・アンカー」という概念を提唱したことで有名となった。彼は長期的な仕事生活において個人が拠り所としているものがあることを発見し，それを「キャリア・アンカー」と名づけ，職業人にとって自分のキャリア・アンカーを理解することが，キャリア選択を明確にし，生涯キャリア発達を促す手助けとなることを提唱している。そのほかに彼は，組織開発コンサルテーションに関して，コンサルタントの「技術」ではなく「態度の重要性」を強調し，「プロセス」を重視したアプローチを開発している。両者に共通するこ

---

(1) 本書では，「Career Development」の訳語として「キャリア発達」を用いることは，結びで述べているが，シャインの場合，組織内キャリアという文脈上からか，キャリア開発と訳されることが多かった。しかし，ここでは，後で述べる，シャインのもつ「個人からの視点，臨床的視点」を重視し，「キャリア発達」を用いることとする。

とは，組織と個人の相互作用と個人の発達（キャリア発達）を促す
ことに価値をおいているということである。

1. 個人的背景

　MIT（マサチューセッツ工科大学）経営大学院（スローン・スク
ール）教授を経て，現在名誉教授である。

　シャインは，1928 年にチューリッヒでユダヤ系のドイツ人とし
て生まれた。実験物理学者である父の仕事の関係で，ロシア，プラ
ハを経てアメリカに移住した。シカゴ大学卒業後，スタンフォード
大学にて学士・修士（社会心理学）を学び，52 年にハーバード大
学で社会心理学分野に所属し，「模倣の研究」で博士号（Ph. D.）
を取得した。彼がシカゴ大学にいた同じころ，カウンセリング心理
学の分野にブームを起こしたカール・ロジャース（C. R. Rogers）
もいた。ハーバード大学博士課程を終了後，社会心理学者として陸
軍関連のウォルター・リード病院の精神神経医学部門で勤務した。
その理由は博士課程時代，陸軍の奨学金を得ており，卒業後は陸軍
関連の施設で一定期間働く義務があったからである。そこで，サリ
バン（H. S. Sullivan）の弟子であるリオックという精神科医と出会
ったことで後に臨床心理学や精神医学への理解を深めるきっかけと
なったという。

　研究者としての最初の仕事は，米国の陸軍病院における朝鮮戦争
の捕虜復員者の洗脳（brain washing），教化（indoctrination）の研
究であった。その後，MIT 経営大学院で，従業員に対して会社の
価値がどのように教化されていくのかを調べる組織社会化（organi-
zational socialization）過程の研究に取り組み，44 名のスローン卒
業生の協力を得て，中断期間を含め 15 年間にわたる追跡調査を開
始した。教化と社会化という研究テーマに沿った成果を得られず，

挫折を繰り返したものの，1973 年，会社の価値に個人が染まるという教化の視点から，個人が独自のキャリアを歩むという側面に視点を移し，調査を再開した。そのデータの分析結果が，キャリアにおける自己概念「キャリア・アンカー」というシャイン独自の研究につながった。

　経営学の研究に入ってからは，プロセス・コンサルテーション（および組織開発論全般），キャリア・ダイナミックス（なかでも，キャリア・アンカーの研究），組織文化（リーダーシップの関連），組織学習と組織変革など多様な領域で，先進的な研究を重ねてきた。

　現在，X 理論，Y 理論で有名なダグラス・マクレガー（D. McGreger）の後継者として，MIT 経営大学院で組織研究をリードしている。

　また，アメリカ心理療法士協会の資格も取得し，組織研究における臨床的アプローチの提唱者として，独自の分野を切り開いている。

　社会学，人類学，そして社会心理学の相乗効果を生み出していることで高く評価されているシャイン。最近では，「コンサルタント」と「クライアント」以外の一般的な人間関係に示唆に富む書籍を多数出版している。

2. 理論的背景

　ここでは理論的背景というよりは，シャインの拠って立つ視点（発達的視点と臨床的視点）について述べる。このシャインの視点は，彼の理論上の主要概念を正しく理解するために必要であるにもかかわらず，日本においては，あまり知られていない。

　邦訳もされているシャインの代表的な著書『Career Dynamics（邦題：キャリア・ダイナミクス）（1978/1991）』の原著には，「Matching Individual and Organizational Needs」という副題が添え

られている。この副題は，邦訳に当たり「キャリアとは，生涯を通しての人間の生き方，表現である」（二村・三善訳，1991）と意訳されている。このようにあえて意訳されているのは，邦訳者が以下のような当時の日本の現状を考慮したのではないかと思われる。

①直訳して「個人と組織のマッチング」というと，日本では，採用・選抜試験を想起させ，「組織が求める人的資源」と「個人の資質」がいかに適合しているかという静的なマッチング，組織側からの視点のみが強調された操作的なマッチングの色合いが濃くなる。

②「キャリア」が仕事生活に限らず，人の人生全体を含むものであることが当時の日本では浸透していなかった。

(1) 発達的視点

　副題の意訳の理由①に対応するが，シャインのいうマッチングは，静的なマッチングではなく，個人のキャリアが決まるダイナミクス（力学）を明らかにしようという試みである。シャインが重視したのは，組織と人の相互作用であり，組織も成長し，個人も成人を過ぎても成長し続ける存在であるという発達的視点に根ざしたものである。

(2) 臨床的視点

　副題の意訳の理由②に対応するが，シャインは，「自己成長，キャリア開発，および家族発達に関連する諸活動が，当該個人の全生涯にわたってどう影響し合うかを考慮する必要がある」（Schein，1978）と述べていることからわかるように，働く「実際の」個人に目を向けていた。働いている本人は人生全体を生きている存在なのであるから，仕事生活を考える際にも，それ以外の領域での個人の状況を考えねばならないという視点である。

　これらの視点は，カウンセリングの経験も豊富なシャインのキャリアからくるものであろう。日本では，シャインというと，「組織心理学」という言葉を作り，プロセス・コンサルテーション技法を用いての「組織開発」で有名であるために，忘れられがちであるが，実は個人の視点，内的キャリアを重視した研究者なのである。たとえば，2000年に来日した際の金井壽宏教授との対談（金井，2002）のなかで，「プロセス・コンサルテーションは，自分の力で学ぶとか，学習を仕向けていくのに，極めて有効である」(p.20)，「相手の役に立つために……クライアントの会社の『今，ここ』における状態やクライアントと私の関係における『今，ここ』の状態について，クライアントが私に対して教えてくれる情報こそ役立つ情報である」(p.22) とした上で，コンサルタントとクライアントとの間のプロセスを重視し，「コンサルタントの『技術』ではなく『態度』が重要である」(p.24) ことを自分のアプローチの特徴として紹介していることからも明らかである。

　では，発達的視点，臨床的視点をもった，組織心理学者シャインが提唱した理論上の主要概念，(1)3つのサイクルとその段階，(2)キャリア・サイクル，(3)キャリア・アンカー，(4)キャリア・サバイバルについて順に述べる。

3. 理論上の主要概念

(1) 3つのサイクルとその段階

　シャインは，人が生きている領域（役割が存在するという意味での領域）を大きく3つのサイクルに分け，それぞれのサイクルに段階を設けた。

　図7-1は，シャインが提示した，「生物学的・社会的」「家族関係」「仕事・キャリア」の3つのサイクルが相互に影響し合って，人が

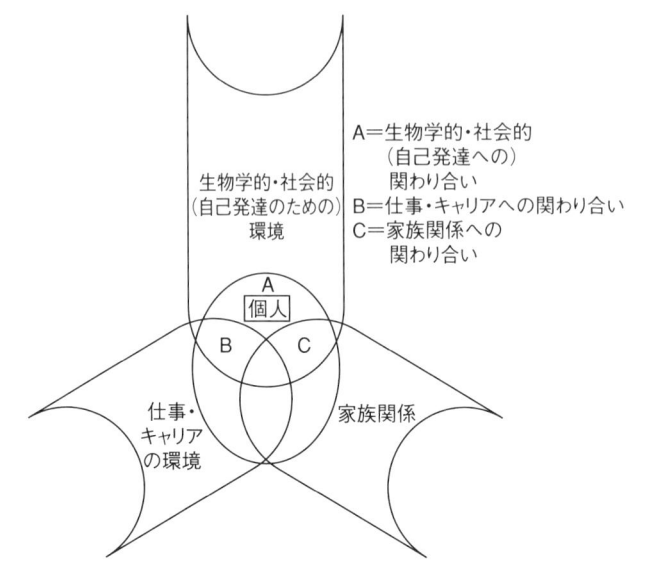

図7-1　自己，仕事，家庭の複合体としての個人を把握するモデル
(Schein, 1978, p.56)

存在しているということを記したものである。この図からの示唆は，「仕事・キャリア」の部分だけを切り取って人は存在しているわけではないから，キャリアの問題を考えるにあたっても，こうした他のサイクルで何が起こっているかも考えられなければならないということである。

　3つのサイクルは，(1)生物学的・社会的サイクル，(2)家族関係におけるサイクル，(3)仕事・キャリアにおけるサイクルであるが，このうち，(1)(2)のサイクルは，相互に影響し合うところが大きい。年齢段階に沿って，家族における役割も変わっていくことが多いからである。また，子どもや母親といったような役割の多くは，(通常) 放棄することはできないため，何とか役割を遂行する術を見出さねばならない。ここにおいて，「辞職」などといった形での役割を放棄できる (3)仕事・キャリアの役割とは区別できる。

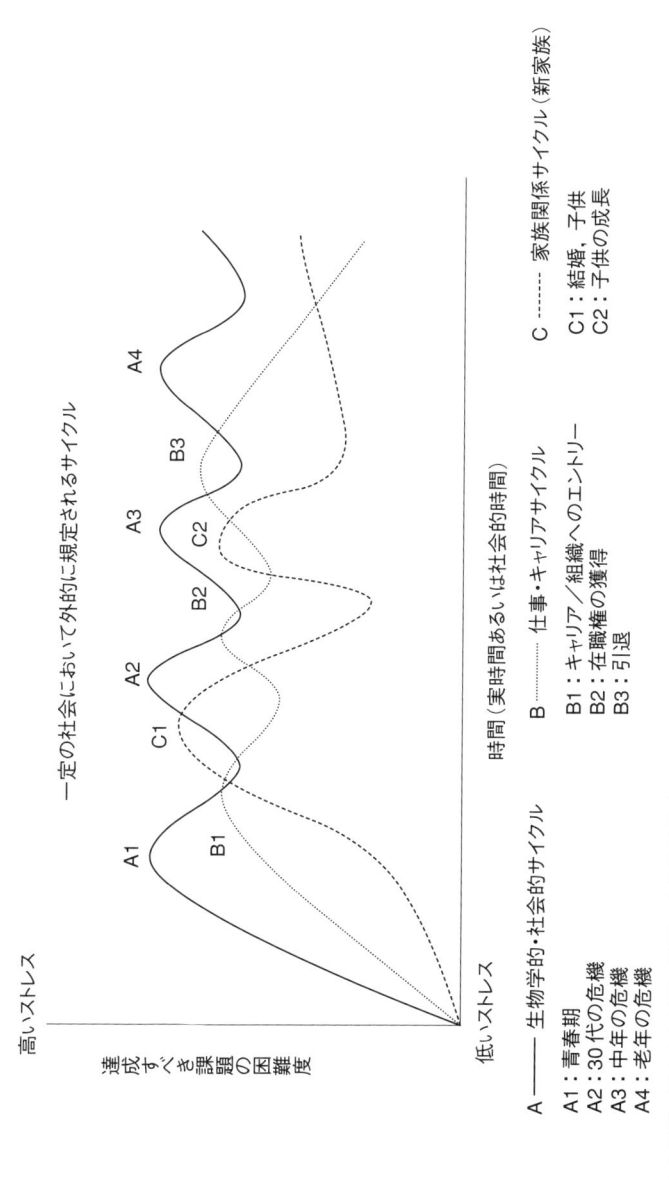

図7-2　3つのサイクルの相互作用モデル (Schein, 1978, p.27)

　図 7-2 は，各サイクルにおける課題が起こるおおよその年齢段階
と，課題が要するストレス量のおおよその目安を各領域の重なり合
いを意識してまとめたグラフである。しかし，シャインも注意を促
しているように，各段階の年齢域はきわめて広く，1 つの「目安」
であるから，相手の年齢や，地位だけで，ある人の課題を判断する
ことはできない。しかし，このグラフを本人が見て，自分の各サイク
ルにおける段階を客観的に見つめ直すには適しているかもしれない。

(2) 仕事・キャリアサイクル

　「生物学的・社会的」「家族関係」「仕事・キャリア」といった各
ライフ・サイクルがいかに重なり合うか，その重なり合いを無視し
ては，キャリア発達は考えられないが，ここでは，「仕事・キャリ
ア」サイクルについてもう少し整理しておく。

　1.　仕事・キャリアサイクルの段階と課題は，生物学的・社会的
サイクルの段階と課題に密接に関連し合う。それは，どちらも年齢
と文化的規範から影響を受けているからである。たとえば成人にな
ると社会に出て働くことが通念とされ（納税の義務など），結婚し，
子どもが生まれれば養うためにより多くの収入が必要となる。

　2.　「キャリア」という概念は，知的専門的職業（日本でいう「キャ
リア組」の「キャリア」など）あるいは明確な昇進をともなう職業に
のみ当てはまるものではない。それは専門的熟練の必要が少ない職
業や「昇進」自体が存在しない職業にもまったく同様に当てはまる。
どのような職業にも，段階や転機および課題は存在するのである
（Van Maanen & Schein, 1977）。こうした意味での「キャリア」は日
本ではようやく定着しつつあるが，いま一度確認しておきたい。

　3.　仕事・キャリアサイクルについて述べる際には，その「理想状態」（キャリアが完全かつ首尾よく追求される場合，それはどのようなものになるかのモデル）を明示することになる。

　4.　キャリアを捉えるときには「外的キャリア」と「内的キャリア」の2つの軸から捉えることができる。

　5.「外的キャリア」とは，次に示す3次元からなる。
　　①階層次元：「垂直的」キャリア成長（一般職層→管理職層→

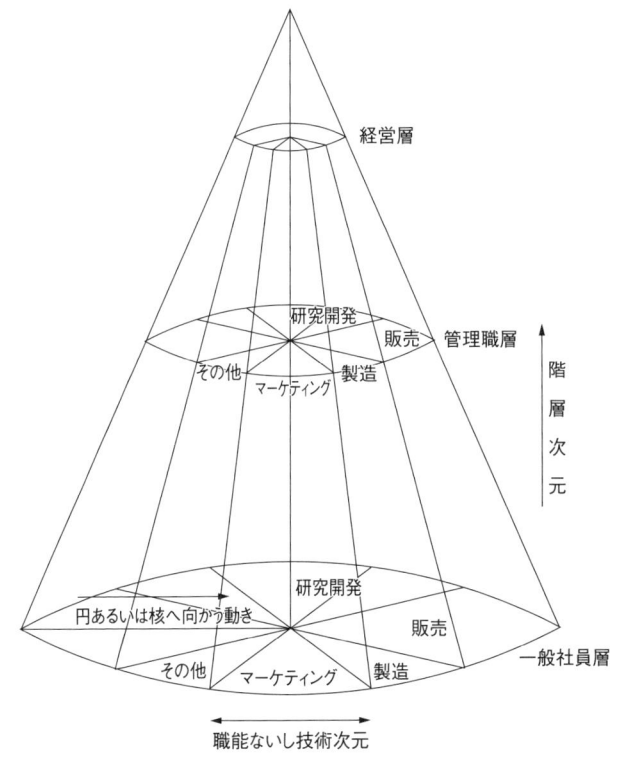

図7-3　組織の3次元モデル（Schein, 1978, p.41に筆者加筆）

経営層など階層の上昇）。

　②職能ないし技術次元：「水平的」つまり横断的キャリア成長
　　（販売↔マーケティング↔研究開発など職能の拡大）。

　③円あるいは核へ向かう動き：「部内者化」つまりメンバーシップの次元に沿い，組織の核へ向かう移動（組織内メンバーシップの増大）。

　6.「内的キャリア」とは，個人がキャリアにおいて主観的に遭遇し，経験する段階と課題である。

　2006年に来日したシャインは，内的キャリアの意味について講演[2]を行い，外的キャリアと対比させて次のように整理している。

　外的キャリア，すなわち実際の職務におけるステージがどの段階であろうと，誰もが自分の仕事人生のなかで，どこに進んでいるのか，どのような役割を担っているのかについての主観的な感覚を有している。それが「内的キャリア」である。そして，様々な教育や仕事経験を積むなかで，個人は外的キャリアと同様に，内的キャリアを進展させていく。その際に役立つのが「キャリア・アンカー」である。

　7.　臨床家であるシャインらしく，内的キャリアの段階と課題についても詳細に整理するとともに（Schein, 1978），各段階において個人がどのように対処すべきかの「建設的対処」のステップも次のように整理している。

　　■建設的対処のステップ（Schein, 1978, p.67）

　　①問題は何かを診断する：ストレスを引き起こしている状況に

---

[2]　特定非営利活動法人日本キャリア・カウンセリング研究会主催（「時代を拓くキャリア開発とキャリア・カウンセリング―内的キャリアの意味―」2006年11月19日，東京）。

ついて理解を進める。

②自分自身を診断する：上記状況における自分の資源・感情・欲求について理解を進める。

③対応策を選択する：ストレスの多い状況をどのように処理するか決める。

④対応策の効果を診断する：それは目的を達成したか，課題に立ち向かいそれに合致したか，問題を解決したか，評価する。

(3) キャリア・アンカー

①キャリア・アンカーとは

　個人的背景で触れたように，当初シャインは従業員が組織の価値にどのように教化されていく（染まっていく）のかという仮説に沿って調査を進めていた。しかし思うような調査結果が得られず，分析を進めるなかで，会社の価値に個人が染まるのではなく，個人が独自のキャリアを歩んでいくという見解に至った。

　そして，その独自のキャリアがいくつかにパターン化されることを見出し，そのパターンを特徴づけるものとして，キャリア，職業における自己概念／セルフイメージを「キャリア・アンカー」と名づけた。キャリア，職業における自己概念／セルフイメージとは，具体的にはたとえば，自分が職務遂行に当たって，〜が得意である，〜によって動機づけられる，仕事を進める上で何に価値を置いているのか，についての自分自身の認識である。

　アンカーとは直訳すると船の錨である。船の錨は，船をつなぎとめ安定させるためにあるのであるから，キャリア・アンカーも同じくキャリアを安定させるのに役立つ。自分自身のキャリア，職業上のセルフイメージがある方が，それが判断の基準となり，落ち着いてキャリアを構築していけるということは容易に予測される。

また，前述の講演のなかで，シャインは，キャリア・アンカーは，教育や実際の仕事経験の積みかさねに基づいて形作られ，今現在のキャリアや人生における判断基準になるとともに，制約にもなると述べている。ここで制約とシャインが述べるのは，内的キャリアのなかで，キャリア・アンカーに応じたキャリアを人は歩んでいると想定するが，何かしっくりこなければ，その錨に引き戻され，転職，職務再設計などが必要になるからである。

②キャリア・アンカーのパターン

MITスローンの卒業生44名の追跡調査において，実際に就いている彼らの仕事やその後の経験（外的キャリア）が異なるにもかかわらず，キャリア，職業上のセルフイメージにいくつかのパターンが認められた。当初シャインは5つのパターンを認めたが（①技術的・職務的能力，②管理的能力，③保障・安定，④創造性，⑤自律・独立），その後，様々な調査を続けるなかで，現在では8つのキャリア・アンカーを提示している。

シャインは，キャリア・アンカーは set of category（ある1つの分類方法）であり，理論ではないと主張している。現在までの彼の調査結果から，8つが認められるため，職業上のセルフイメージがそれら8つのバランス（強弱）で表現できるというだけである。

8つのキャリア・アンカー

1. 特定専門分野／機能別のコンピテンス（technical／functional competence）

   ある特定の業界・職種・分野にこだわる。専門性の追求を目指すが，いわゆる技術系に限らず，ずっと経理畑を歩むなども含まれる。

2. **全般管理コンピテンス（general managerial competence）**

   総合的な管理職位をめざす。1.と対照的に特定分野にとどまらず，組織全体にわたる様々な経験を求める。

3. **自律／独立（自由）（autonomy ／ independence）**

   制限や規則に縛られず，自律的に職務が進められることを重要とする。内的な感覚として，自分の仕事のやり方を自由に自分自身が決めることを望む（自分自身が自由に仕事を進められているという認識があればよい）。

4. **保障／安定（security ／ stability）**

   生活の保障，安定を第一とする。経済的に安定していることは誰しも望ましいことであるが，リスクをとって多くを得るより，安定を最も大切なこととする。

5. **起業家的創造性（entrepreneurial creativity）**

   新規にみずからのアイデアで起業・創業することを望む。現在起業していなくても，常に起業することを意識していることも含まれる。

6. **純粋な挑戦（pure challenge）**

   チャレンジングなこと，誰もしたことがないことに取り組むことを求める。一つの挑戦が達成したら，さらに新たな挑戦を追い求め，「挑戦すること」「挑戦し続けること」自体に価値を置く。

7. **奉仕／社会献身（service ／ dedication to a cause）**

仕事の上で人の役に立っているという感覚を大切にする。さらには，社会全体への貢献を求めることもあるため，所属している組織に限らない奉仕活動に専念することもある。

8. 生活様式（life style）

仕事生活とその他の生活との調和／バランスを保つことを重要視する。なお，このアンカーは，最近増加の傾向にある。

③キャリア・アンカーの活用にあたって

　カウンセラーがキャリア・アンカーを用いる際の留意点について2つ触れておく。

1. アンカーと職業を一対一で結びつけない。

　どのような職業にもそれぞれのアンカーとマッチする部分がある。たとえば，大学教授という職業も，「世の中のためになる研究成果をあげたい（奉仕／社会献身）」という人もいれば，「勤務形態が比較的自由である（自律／独立）」「自分が興味あるテーマを追求できる（特定専門分野／機能別コンピテンス）」「大学教授の収入は安定している（保障／安定）」などと，同一の職業においても，人それぞれでどこに価値をおくかは様々なのである。だからこそ，カウンセリングにおいては，対象者の外的キャリアの描写にとどまらず，個人の内的キャリアの描写が必要なのである。

2. アンカーを予測しようとしない（アンカーは実際の職務経験により展開していくものである）。

　アンカーは仕事を経験してはじめて少しずつ明らかになって

いく。現時点で自分のアンカーが明確でない人は，仕事経験を
かさねるなかで，捨てられない，譲れないアンカーが顕著とな
ってくるであろう（残るアンカーが一つに絞られるとは限らず，
複数のアンカーが拮抗してバランスをとっている場合もある）。

　したがって，8つのキャリア・アンカーの分類を職務経験のな
い学生にテストなどを用いて予測しようとするのではなく，本
人が自分自身の言葉でキャリアを紐解き，セルフイメージを明
確にしていく際に手助けとなる枠組みとして，8つのキャリア・
アンカーをカウンセラーが念頭においておくといった用い方が
よいであろう。

(4) キャリア・サバイバル

　アンカーが明確になったら，それが与えられた（与えられうる）
仕事とマッチングするか否かを決定するために，職務・役割側の要
件を明らかにする必要がある。これが職務・役割分析と職務・役割
プランニングである。いくら自分らしい，セルフイメージにあうキ
ャリアを追求しても（キャリア・アンカー），それが仕事として現
実に実現できなければ，仕事としては成立しない。このように現実
に実現していくことをシャインは「キャリア・サバイバル」という
概念で示している。サバイバルとは直訳すると生き残ることであ
る。

　まず，職務分析といえば，従来の職務記述書（job-description）
があるが，シャインはこれまでの職務記述書では，その仕事におけ
る，対人関係的側面を明らかにするには不十分であったと指摘する。
実際には職務・役割の中核となるものは，その役割の主な利害関係
者やその役割を任命する者からの期待である。そのため，主な利害
関係者と役割を任命する者を特定し，さらに彼／彼女らからの期待
を特定していけばよい。シャインは，具体的な職務・役割分析の方

法（role set analysis）についても言及しているので，詳細は別著を参照されたい[3]。

　キャリア・アンカーを明確にする手助けとともに，職務・役割を分析し，それとキャリア・アンカーが適合しない場合は，その職務・役割を戦略的にプランニングし直したりすることや，今後新たに発生するあるいは就くかもしれない職務・役割をプランニングする手助けをすることも，カウンセラー，コンサルタントの役割であるとシャインは述べる。また，こうして分析あるいはプランニングされた職務・役割が，今現在本人が保有している以上のコンピテンスや，動機あるいは価値観，スキルを必要とするのであれば，本人はそれを伸長あるいは深耕する計画を練らねばならない。このようにマッチングは静的なものではなく，組織や職務と個人の相互作用はつねに繰り返される。このダイナミックなマッチングプロセスの改善のために，キャリア・アンカーとキャリア・サバイバルの考え方が活用できる。

4. キャリア・カウンセリングへの応用（ダイナミックなマッチングプロセスの改善）

(1) キャリア・アンカー

　自分の長期的な仕事生活におけるキャリア・アンカーを確かめるために次の3つの問いが有効であるとシャインは述べている。

1. 才能と能力について「何が得意か」。
2. 動機と欲求について「何をやりたいのか」。
3. 意味と価値について「何をやっている自分が充実しているのか」。

---

(3) E.H. シャイン（金井壽宏訳）2003『キャリア・サバイバル』白桃書房

　こうした問いに対して自問自答したり，他者に語ったりするなかで，キャリアの一定のパターンが見出されていく。当初 MIT の卒業生も，自分自身では気づいていなかったが，面接を続けるなかで，明らかになっていったという。このほか，職業上における自分についてたくさん表現させてみることも有効である。しかし，留意点としてあげたように，キャリア・アンカーを直接職業と結びつけないこと，また，キャリア・アンカーは，自己イメージのパターンであって，外部からは定めることはできず，みずから語らせ，認識することが重要であることを忘れてはならない。

　細切れに一貫性のないキャリアを歩んでいるようであっても（たとえそれぞれには適応していても），実はそこに独自のパターンを与えているものがあることに気づくことは，今後のキャリア構築に当たっての拠り所となる。

(2)　職務・役割プランニング

　組織は，個人に与える職務／役割をはっきりと説明しきれていないことが多い。そのため，職務・役割プランニングに基づく，組織内の役割図（role map）は，自分自身の，そして他のメンバーの役割を理解するのに役立つ。また，この役割図には，現在の役割だけではなく，将来の役割も含まれる。このため，現在の自分の職務のおかれた状況を，周囲の視点からも客観的に捉え直すことによって，より現実的なキャリアを歩むことが可能になるとともに，将来のキャリアを選択するための情報としても役立つ。

　これまでの職務記述書と異なり，シャインの求める役割図では，職務における対人関係のプレッシャーがどのようなものか，さらに役割の具体的内容に加えて，その役割のもつ特質（あいまいさはどの程度か，葛藤はどの程度あるのか，負荷がどの程度か）なども明らかにしていく。こうした細部にわたる分析とプランニングの後，

個人ははじめて特定のキャリア・アンカーが職務の主な役割とマッチするかどうかを検討することができるのである。

キャリア・アンカーもみずからのキャリアを語ることで，また，キャリア・サバイバルも周囲のメンバーからの期待を話し合いながら明確になっていく。カウンセリングという語り合いのなかで，それぞれが明確になり，またダイナミックなマッチングを改善することが促進される。

(3) 問いかけることの重要性

コンサルタントの「態度の重要性」を強調してきたシャインは，そのポイントをコンサルタントとクライアント以外の関係性（家族関係，上司部下関係あるいは友人関係など）においても応用できることを最近では特に強調している。

特に米国は文化上，人間関係より課題遂行に価値をおく文化であること，自分が話す文化であることに警鐘を鳴らし，相手に謙虚に問いかけることが何よりも大切であると説いている。その第一歩は，まず自分自身に対して「今ここで何が起きているのか」「最も適切な対応は何だろうか」などと問いかけ，内省することであるという。これはキャリア・カウンセラーが，カウンセリング中につねに注力すべきことである。コンサルタントとクライアントという特別な関係に縛られることなく，臨床的視点で，人と人との関係性を常に見つめ続けているシャインならではの見解であろう。

【参考文献】

金井壽宏　2002　シャイン教授の講演「組織心理学の発達とわたしの研究キャリア」を聞いて　産業・組織心理学研究, **15**(2), 123-126.

Schein, E. H.　1968　Organizational socialization and the profession of management. *Industrial Management Review,* **10**, 91-16.

Schein, E. H.　1978　*Career dynamics: Matching individual and organizational needs.* Reading, MA: Addison-Wesley.（二村敏子・三善勝代訳　1991　キャリア・ダ

イナミクス—キャリアとは，生涯を通しての人間の生き方・表現である　白桃書房）

Schein, E. H.　1985a　*Career anchors: Discovering your real values*. Pfeiffer & Co.（金井壽宏　2003　キャリア・アンカー—自分のほんとうの価値を発見しよう　白桃書房）

Schein, E. H.　1985b　*Career survival: Strategic job and role planning*. Pfeiffer & Co.（金井壽宏訳　2003　キャリア・サバイバル—職務と役割の戦略的プラニング　白桃書房）

Schein, E. H.　1996　*Career anchors revisited: Implication for career development in the 21st century*. MIT Sloan School of Management.

シャイン, E. H.・金井壽宏　1999　洗脳から組織のセラピーまで　CREO, **24**, 2-43.

Shein, E. H.　2013　*Humble inquiry: The gentle art of asking instead of telling*. Berrett-Koehler Pub.（金井壽宏監訳　原賀真紀訳　2014　問いかける技術—確かな人間関係と優れた組織をつくる　英治出版）

Shein, E. H.　2011　*Helping: How to offer, give, and receive help*. Berrett-Koehler Pub.（金井壽宏監訳　金井真弓訳　2009　人を助けるとはどういうことか—本当の「協力関係」をつくる7つの原則　英治出版）

高橋弘司　1993　組織社会化研究をめぐる諸問題　経済行動科学, **8**(1), 1-22.

Van Maanen, J., & Schein, E. H.　1977　Career development. In J. R. Hackman & J. L. Suttle (Eds.), *Improving life at work*. Santa Monica, California: Goodyear. pp.30-95.

渡辺三枝子　2003　シャイン『キャリア　ダイナミックス』　日本労働研究雑誌, **513**, 76-79.

8 ダグラス・ホール Douglas T. Hall
関係性アプローチ

　ダグラス・ホール（Douglas T. Hall）のキャリアに関する理論は，キャリアは他者との関係のなかで互いに学び合うことで形成されていくとする関係性アプローチ（relational approach）をとっている。変化の激しい現代においては，依存的ではなく，独立的でもない，相互依存的な人間関係のなかで学び続けることによって「変幻自在なキャリア（protean career)」を築いていくことができる，とホールは主張している。

1. 個人的背景

　1966年にMITスローン・スクールにおいて博士号を取得。現在，ボストン大学マネージメント・スクールにおいて組織行動の教授とエグゼクティヴ・ディベロップメント・ラウンドテーブルのディレクターを務める。アメリカ心理学会（APA）のギゼリ賞受賞経験をもつ。キャリア発達，雇用者－被雇用者契約，人種，性別，年齢，宗教・信仰などの個人の属性にこだわることなく多様な人材を生かす人事戦略などの分野において，研究のみならず企業に対するコンサルティングを行っている。

　代表著書として，1976年に『Careers in Organization』，1996年に『The Career is Dead: Long Live the Career』がある。2002年には『Careers in and out of Organization』を出版し，社会的背景の変化，研究領域の発展を敏感に取り入れた理論を展開している。

２．理論上の主要概念

　ホールの理論は，これまでの研究レビューと実証研究によって構築されており，既存のキャリア発達理論（特にD. E. スーパー）と類似するところも多い。そこで，ここでは彼の理論の全体像を概観するのではなく，独自性があり，かつキャリア発達プログラムやキャリア・カウンセリングに示唆を与えると思われる概念についてのみ，『Careers in and out of Organization』（2002）をもとに紹介していくことにする。

(1) キャリアについて

　「キャリア」とは何を意味するのだろうか。ホールは「キャリア」という言葉が使われる際に意味するものを，①昇進，②専門職，③生涯を通じた職務の連続，④生涯を通じた役割に関する経験の連続，の４つに分類した上で，独自のキャリアの定義を提唱している。

　・キャリアとは成功や失敗を意味するのではなく，「早い」昇進や「遅い」昇進を意味するものでもない。

　・キャリアにおける成功や失敗はキャリアを歩んでいる本人によって評価されるのであって，研究者・雇用主・配偶者・友人といった他者によって評価されるわけではない。

　・キャリアは行動と態度から構成されており，キャリアを捉える際には，主観的なキャリアと客観的なキャリア双方を考慮する必要がある。

・キャリアはプロセスであり，仕事に関する経験の連続である。

(2) プロティアン・キャリア (protean career)

　ホールが先述のようにキャリアを定義した背景には，1980年代の産業社会における構造改革がある。構造改革によって個人と会社組織間の心理的契約 [1] が変化した，とホールは主張し，従来の心理的契約に代わる新しい心理的契約を提唱した。新しい心理的契約は，従来の長期にわたる関係的な契約とは異なり，貢献と利益による短期的な契約となっている。また，キャリアの考え方が，組織内キャリアから個人の仕事における心理的成功を目指す自己志向的なキャリアに変化したことにより，表8-1に見られるような特徴をもつ。

　プロティアンとはギリシャ神話のプロテウスから名づけており，「変幻自在である」ことを意味する。すなわち，プロティアン・キャリアとは，組織によってではなく個人によって形成されるものでありキャリアを営むその人の欲求に見合うようにそのつど方向転換されるものである (Hall, 1976)。移り変わる環境に対して，自己志向的に変幻自在に対応していくキャリアともいえるだろう。プロティアン・キャリアの特徴をさらに明らかにするために，従来の伝統的なキャリアとの対比を表8-2に紹介する。

---

[1] 個人と会社組織間の心理的契約：心理的契約の概念は個人と会社組織との関係を表す概念として1960年代ごろから用いられ，シャイン（1965）は次のように述べている。
1. 「心理的契約」という考え方は，個人は組織にいろいろな期待を寄せているということと，組織もまた個人にいろいろな期待を寄せていることを暗に意味している。
2. これらの期待とはどのくらいの給与に対してどのくらい働かなければならないか，といったことだけではなく，個人と組織の間の権利，特権，義務関係のすべての型を含んだものである。
3. 心理的契約は，組織から個人に対して権威を通じて施行され，個人から組織に対しては，上部への影響力を通じて施行される。

表8-1　新しい「プロティアン」キャリア契約 (Hall & Mirvis, 1996)

1. キャリアは組織によってではなく，個人によって管理される。
2. キャリアは生涯を通じた経験・スキル・学習・転機・アイデンティティの変化の連続である。
3. 発達とは次のものである。 　継続的な学習 　自己志向的 　関係的 　仕事のチャレンジにおいて見出される
4. 発達とは必ずしも次のものではない。 　公式の教育・研修 　再教育・研修 　昇進
5. 成功の決め手は次のように変わってきている。 　「いかに知るか」から「いかに学ぶか」へ 　職務保証からエンプロイアビリティへ 　組織内キャリアからプロティアン・キャリアへ 　働く自己から全体としての自己へ
6. 組織は次のようなものを提供する。 　挑戦しがいのある職務 　発達的な人間関係 　情報とその他の発達的資源
7. 目標は心理的成功

(3) プロティアン・キャリアに必要な2つのメタ・コンピテンシー

　プロティアン・キャリアを形成していくに当たって，必要な2つのメタ・コンピテンシーは，アイデンティティとアダプタビリティである。

①アイデンティティ

　アイデンティティ[(2)]という言葉は，エリクソン（E. H. Erikson）により提唱された概念であるが，ホールは次のように捉えている。アイデンティティは2つの構成要素から成り立っている。第1には自分の価値観・興味・能力・計画に気づいている程度である。第2に過去と現在と将来の自己概念が統合されている程度である。言い

表8-2　**伝統的キャリアとプロティアン・キャリアの対比** (Hall, 2002)

項　目	プロティアン・キャリア	伝統的キャリア
主体者	個人	組織
核となる価値観	自由，成長	昇進，権力
移動の程度	高い	低い
重要な パフォーマンス側面	心理的成功	地位，給料
重要な態度側面	仕事満足感 専門的コミットメント	組織コミットメント
	自分を尊敬できるか （＝自尊心）	この組織から自分は尊敬 されているか （＝他者からの尊敬）
重要な アイデンティティ側面	自分は何がしたいのか （＝自己への気づき）	私は何をすべきか （＝組織における気づき）
重要な アダプタビリティ側面	仕事関連の柔軟性 現在のコンピテンシー （測度：市場価値）	組織関連の柔軟性 （測度：組織で生き残 ることができるか）

換えれば，アイデンティティは，その人の人生がどのくらいよく統合されているかを計るものとなる。

　ホールのアイデンティティの考え方で特徴的な点は，サブ・アイデンティティを想定することである。人は社会のなかで多様な役割を担っているが，これらの役割期待に呼応する自己認知がサブ・アイデンティティである，と彼は考える。すなわち，アイデンティテ

---

(2) アイデンティティ：エリクソンによって提唱された概念であり，自我同一性ともいわれる。「これが自分である」という感覚がアイデンティティであるが，斉一性（sameness）と連続性（continuity）の２つの特徴をもつ。斉一性とは，自分が固有な存在である，という感覚であり，「私はほかのだれとも違う自分自身であり，私は１人しかいない」という自信である。連続性とは，過去の自分と今の自分を同じ自分として捉えられることであり，「今までの私もずっと私であり，今の私もそしてこれからの私もずっと私であり続ける」という確信である。

ィの一部としてサブ・アイデンティティが存在する，と考えるのである。たとえば，ある男性が職業人であると同時に，父親であり，地域の一員であったとする。そうすると彼はキャリア・アイデンティティ，父親アイデンティティ，地域一員アイデンティティの3つのサブ・アイデンティティを有していることになる。そして，各サブ・アイデンティティの占める割合は，個人によって異なる。キャリア発達はキャリア・アイデンティティが成長し分化することによって生ずる，とホールは考えている。彼のサブ・アイデンティティという概念は，スーパーの「ライフ・ロール（生活役割）」の概念とほぼ同じ意味であるとも解せられる。

　なぜ，アイデンティティがプロティアン・キャリアのメタコンピテンシーであるのか。変化の激しい時代に変幻自在にみずからのキャリアを合わせていくことが求められるプロティアン・キャリアにおいては，今まで以上にみずからの価値観や興味に気づいていること，過去の自分，現在の自分，未来の自分が連続しているという確信が必要となる。もし，そうでなければ，ただ変化に自分を合わせるだけになってしまい，本当の意味での心理的成功を体験することはできなくなるだろう。

②アダプタビリティ

　ホールはアダプタビリティと適応（adaptation）を区別し，それぞれを次のように定義している。

　アダプタビリティを単なる能力やコンピテンシーとして捉えず，動機づけの面を有していると捉え，一般モデルを以下のように提唱している。

　アダプタビリティ（adaptability）＝適応コンピテンス（adaptive competence）×適応モチベーション（adaptive motivation）

　適応コンピテンスは，①アイデンティティの探索（identity exploration），②反応学習（response learning），③統合力（integrative potential）の3要素から成り立っている。アイデンティティの探索とは，アイデンティティを変えたり，維持したりするための潜在能力を発達させるために自己に関するより完全かつ正確な知識を得ようとする継続的な努力を意味する。反応学習とは，環境からのサインに気づき，様々な役割行動を発達させたり，最新のものにすることによって，変化し続ける環境からの要求に効率的に反応したり，環境に影響を及ぼすことを意味する。統合力とは，変化し続ける環境からの要求に適切にこたえるための行動と自分のアイデンティティの一致を保つことを意味する。

　適応モチベーションとは，適応コンピテンシーを発達させたり，所与の状況に対して適応コンピテンシーを応用しようとする意思のことである。

　一方，適応は経験から生じた矛盾を解決し，統合された構造を作り出そうとする試みであり，①アイデンティティの適応プロセス，②行動的適応プロセス，③統合的適応プロセスの3プロセスから成り立っている。

　アイデンティティの適応プロセスとは，その時点におけるパーソナル・アイデンティティと人生を通じて変化し続ける存在の間で均衡に到達するために，意識的かつ継続的に洞察したり，学習したりすることである。

　行動的適応プロセスとは，変化し続ける課題や役割の要求に有効にこたえていけるよう，意識的かつ継続的に多様な役割行動を開発したり，遂行したり，環境を変化させることである。

　統合的適応プロセスとは，個人の目標と環境の間の有効なバランスを意識し，かつ継続的に調整を計りながら維持していくことである。

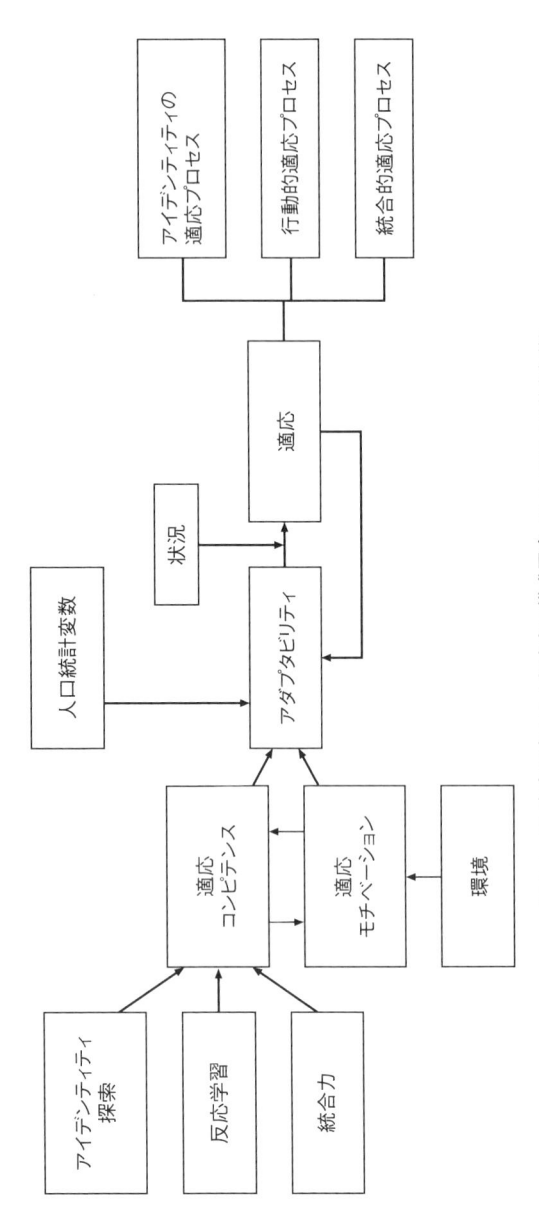

図 8-1 アダプタビリティと適応の構成要素 (Hall, 2002 より筆者加筆)

　アダプタビリティと適応の関係を図示すると図8-1のようになる。

(4) キャリア意思決定

　ホールは，キャリア意思決定に関する理論はマッチング・モデルとプロセス・モデルの2つに大きく分けられると考えており，彼自身は以下のようにキャリア意思決定を捉えている。

①日々の選択

　キャリア上の意思決定は，もはや人生一度きりの選択や大きな選択を意味するのではなく，日々の選択を意味するようになってきている，とホールは考えている。すなわち，毎日の生活のなかでアイデンティティに関する情報を自己評価しながら，適応し続けることが必要になっている。

②サブ・アイデンティティの選択

　キャリア選択とはサブ・アイデンティティの選択を意味する。すなわち，キャリア役割を選択するだけでなく，キャリアを通じて発達するであろう自己の側面をも選択するのである。そして，キャリア役割のなかでサブ・アイデンティティを拡張させていくことをキャリア成長，選択したキャリア役割における労働意欲の強さがキャリア関与である。これら，キャリア選択，キャリア成長，キャリア関与のらせん状の組み合わせがキャリア発達である。

　キャリアに関連する課題において心理的成功を経験しているときにキャリア・サブ・アイデンティティの成長を経験する。心理的な成功とは主観的な成功を意味し，以下のような状況下で達成されやすい。

　1. 挑戦しがいのある目標を設定したとき
　2. 目標を達成することに自分自身独自の意味を見出したとき

3．目標が自己概念にとって重要なとき

4．実際に目標を達成したとき

③適切なキャリア選択に必要なもの：自尊心（self-esteem）

　心理的な成功は，自尊心を高めることになる。自尊心が高ければ高いほど，新たに得られた自分自身に関する否定的な発見に脅かされなくなるので自己への気づきが高まり，適切なキャリア選択をすることができる。その結果，キャリア役割とキャリア・サブ・アイデンティティとの適合度が高くなる。すなわち，適切なキャリア選択には，自尊心が重要であるといえよう。

④人間関係の影響

　ホールの理論においては，「関係性（relational）」を重視する関係性アプローチがとられている。関係性アプローチとは，相互依存的な人間関係において互いに学びあっていくなかでキャリアは発達していく，とする考え方である。この考え方は，女性のキャリア発達研究やなぜメンターがメンタリング行動を行うのか，といったメンタリング [3] 研究から導き出されている。人間関係のなかでキャリアが発達していく，というアプローチは何ら新しいものではないだろう。上司との人間関係の質が部下のキャリア発達を促進させるという研究は従来にもあった。しかし，関係性アプローチの特徴的な点は，人間関係のなかにおいてどちらかのキャリアが発達していく，

---

(3) メンタリング：経験豊かな年長者（＝メンター）が，未熟な若年者（＝プロテジェ）に対して，プロテジェのキャリア発達を目的に行う一連のサポートをメンタリング行動と呼び，メンター－プロテジェ関係をメンタリング関係と呼ぶ。メンタリングの機能としては，キャリア的機能と心理社会的機能がある。キャリア的機能とは，プロテジェに挑戦しがいのある職務を与えたり，有力な人に紹介をしたりすることが含まれる。心理社会的機能とは，プロテジェを一個人として認め，悩みの相談にのったり，プロテジェのモデルとなるよう振る舞うことである。

というのではなく，その人間関係のなかでのやりとりによって，両者がキャリアの段階に関係なく相互に学び合うことができる，と考えている点である。

3. キャリア・カウンセリングへの応用

　ホールの理論は組織心理学をベースにしているために，個人のキャリア発達を組織がいかにサポートし得るか，という点において示唆的であり，組織内外のキャリア発達（開発）プログラムを考える際に参考となるであろう。

(1) プロティアン・キャリアを促進させる 10 のステップ

　日本において声高に叫ばれている「自律型」キャリアはホールのいうところのプロティアン・キャリアとかなりかさなると思われる。そこで，ホールが提唱しているプロティアン・キャリアを促進させる 10 のステップは，日本の組織においても適用可能であると思われるため，ここに紹介する。

1. 「キャリアを有しているのは個人である」という認識からスタートする。
2. 個人が発達の努力をするための情報やサポートを作り出す。
3. 「キャリア発達は関係的なプロセスであること」を認識する。組織やキャリア実務家はブローカーとしての役割を果たす。ブローカーとしての役割とは，キャリア発達に必要な人間関係や仕事を取りもったり，メンタリング関係などのキャリア発達に寄与する人間関係を促進させることである。
4. キャリア情報，アセスメント技術，キャリア・コーチング，キャリア・コンサルティングを統合する。
5. キャリア・サービスや新しいキャリア契約に関して，従業員

と十分なコミュニケーションをとる。

6. キャリア・プランニングではなく，仕事のプランニングを促進させる。複雑で変化の絶えない環境において個人がなすべきことは，世の中で必要とされている仕事とのよい相性を見出すことである。たとえば，3～5年のスパンでどういう仕事をしたいか，といったことを考えることは，個人のアイデンティティを明らかにしたり，方向性を決めることに役立つ。

7. 人間関係や仕事を通じての学習を促進する。

8. キャリアを発達させる仕事や人間関係への介入を促進する。

9. 職務に熟達することではなく，「学習者としてのアイデンティティ」を重視する。

10. 「発達のために自分の周りにある資源」を使うという思考傾向をのばす。「発達のために自分の周りにある資源」とは，仕事やチームやフィード・バックやメンタリングなどの発達的関係などである。

(2) キャリア発達を促す人間関係

　関係性アプローチの立場に立てば，キャリア発達に寄与する人間関係は従来のメンタリング関係のみにとどまらない，とホールは主張しており，相互学習を可能にし，キャリア発達を促す人間関係を発達的関係（developmental relationship）と呼んだ。たとえば，プロジェクト・チームやタスク・フォースのメンバーとのやりとりによってキャリアを発達させる例などは発達的関係の1つである。発達的関係には，メンタリング関係の他，コーチ，サポート・グループやネットワーク，上司や同僚，トレーニング・プログラムがあげられる。組織においては，いかに発達的関係を提供していけるか，が個人のキャリア発達支援においては重要な意味をもつと思われる。

4. 考　　察

　ホールの理論では，キャリア発達の最終的な目標が心理的成功であること，キャリアは人間関係における相互学習の中で発達していくこと，が強調されている。本書においては，「Careers in and out of Organization」（2002）をもとに紹介してきたが，その後，ホールはキャリアにおける心理的成功を追究するなかで，使命（calling）に注目し，キャリア成功の使命モデル（a calling model of career success）を提唱している（Hall & Chandler, 2005）。このモデルでは，キャリアにおける使命と自信（self-confidence）が互いに影響しあい，それらが目的を達成するための努力を導き，心理的成功をもたらすとされている。そして，その経験によりアイデンティティの変化が起こり，それがまた使命と自信に影響をもたらすという循環が提唱されている。ホールの提唱する使命とは，これこそが自分がやるべき仕事である，といった目的意識であり，必ずしも宗教的意味合いを含まない。そのため，「自分が人生の中でやるべき仕事は何か」という目的意識に人が強く動機づけられ，そのために努力をし，結果として心理的成功，客観的成功を得る，という考え方はクライアントやカウンセラーの宗教的背景にかかわらずクライアントを理解し支援する上では有益なものであると思われる。

【参考文献】

Hall, D. T.　1976　*Careers in organizations.* Glensview, IL : Scott, Foresman.

Hall, D. T.　2002　*Careers in and out of organizations.* Thousoud Oaks, CA : Sage.

Hall, D. T., & Associates（Eds.）　1996　*The career is dead－Long live the career. A relational approach to careers.* San Francisco, CA: Jossey-Bass.

Hall, D. T., & Chandler, D. E.　2005　Psychological success: When the career is a calling. *Journal of Organizational Behavior,* **26**, 155-176.

Hall, D. T., & Mirvis, P. H.　1996　The new protean career: Psychological success and the path with a heart. In D. T. Hall & Associates（Eds.）, *The career is dead－Long live the career. A relational approach to careers.* San Francisco, CA: Jossey-Bass.

pp.15-45.

Kram, K. E. 1996 A relational approach to career development. In D. T. Hall & Associates（Eds.）, *The career is dead ‐ Long live the career: A relational approach to careers.* San Francisco, CA: Jossey-Bass. pp.132-157.

Schein, E. H. 1965 *Organizational psychology.* Englewood-Cliffs, NJ: Prentice Hall. （松井賚夫訳 1966 組織心理学 岩波書店）

9 ナンシィ・シュロスバーグ Nancy K. Schlossberg
人生上の転機（トランジション）とその対処

　シュロスバーグ（Nancy K. Schlossberg）は，トランジションを成人の様々な人生上の出来事として捉え，急速に変化する社会において成人が様々な挑戦を受けているなかで，人生において何が起こっているのかを探索し，理解し，対処できるようになること（すなわち成人の発達）をカウンセラーとして支援することに関心をもつ。

　シュロスバーグは生涯発達のなかでも，特に高齢期や成人期に関心をもっており，実証的研究を行ってきている。その研究をもとに，日本でもよく知られている 4S システムを提唱し，転機にある成人を援助していくための実践的な対処法を構築した。

1．個人的背景

　シュロスバーグは 1929 年生まれ。1961 年にコロンビア大学のスーパー博士のもとで教育学博士号（Ed. D.）を取得し，メリーランド大学で長年にわたりカウンセラー教育に携わってきた。現在は名誉教授（カウンセリング心理学専攻）であると同時に，Transition Works という名称のコンサルタント・グループの代表を務めてい

る。

　主要著書には『Overwhelmed: Coping with Life's Ups and Downs』(1989)，ウォータース（E. B. Waters），グッドマン（J. Goodman）との共著による『Counseling Adults in Transition: Linking Practice with Theory（2nd ed.）』(1995) やロビンソン（S. P. Robinson）との『Going to Plan B』(1996) などがある。『Counseling Adults in Transition（2nd ed.）』は 2006 年に改訂され，第3版が出版されている。『Overwhelmed』は彼女の理論の概括的，啓蒙的な書物で，『「選職社会」転機を活かせ』(2000) として翻訳，出版されている。また，シュロスバーグは人生のなかで遭遇する転機を「期待していた出来事が起きたとき」「予想していなかった出来事が起きたとき」「期待していた出来事が起こらなかったとき」の3つに分類しているが，『Going to Plan B』では，このうちの期待していた出来事が起こらなかったとき（non‐event）への対処が述べられている。主要著書のうち，シュロスバーグの主張の理論的背景，個人カウンセリング，グループ・カウンセリングへの適用などに関してより詳細かつ包括的に述べられているのが『Counseling Adults in Transition』である。そこで，ここでは本書の第2，第3版を中心に彼女の理論を紹介することとしたい。

　シュロスバーグは，1999 年に，キャリア・カウンセラーたちの専門的研究組織である NCDA 会長を務めるなど，アメリカを代表する理論家，実践家である。我が国では，キャリア・カウンセリングは，その言葉の響きから，とかく仕事や職業問題だけに関心が集中しがちであるが，アメリカ社会におけるキャリア・カウンセリングは，仕事や職業の問題だけでなく，仕事を含む個人の人生上の役割や生き方を含むものとなっている。むしろ，キャリア・カウンセリングの対象が「人のもつ職業問題」ではなく「職業問題をもつ個人」（渡辺・ハー, 2001）にあるということである。シュロスバーグ

も個人が遭遇する様々な転機とその対処について述べている。

　とはいえ，アメリカの雇用環境が急激に変化し，職業問題が社会的な注目を集めてきたのも事実であって，1970 年代には，コンピュータをはじめとする技術の著しい発達，社会の複雑化にともない，まったく新しい仕事が増えた反面，それまであった仕事が消滅していった。シュロスバーグも，1980 年に失業への対処に関する論文「Organizational Support Systems as Buffers to Job Loss」を発表している。

　また，技術，社会環境の変化を背景に，1980 年代初頭から終身雇用制が崩れ（アメリカでも，それまでは終身雇用が一般的だったことは，近年，我が国でも広く知られるようになった），リエンジニアリング，ダウンサイジング，フラタリングなどの名称はともかくとして，組織のスリム化とそれにともなうホワイト・カラーの組織外への排除が顕在化し，これによる失業の増大が社会的な問題となった。同時にこれらの人々への援助がきわめて重要な課題となっていった。主要著書の『Counseling Adults in Transition』の初版も1984 年であり，こうした社会環境の変化と無関係ではないであろう。

　彼女の現在のテーマは，自らも体験しつつある引退過程や加齢にともなうトランジションへの対処である。2004 年には，引退過程について『Retire Smart, Retire Happy』という高齢者が自分で取り組めるワークブック的な本を出版している。また，2017 年には，加齢にともなうトランジションへの対処について，多くの高齢者へのインタビュー事例をもとに，自らの体験，心理学的理論による考察を加えた『Too Young To Be Old』という著書を出版するなど，現在も精力的に活躍している。

２. 理論的背景

(1) 成人の発達を捉える4つの視点

　成人の発達を考えるとき，様々な視点がある。「中年期の危機」という言葉があり，中年期になれば誰もが同じような危機を経験するということを意味している。この言葉が示すように人生途上で共通して経験する発達的課題や転機があるという見方もあれば，人は様々であって，その人ごとに経験する出来事は異なっているという見方もある。また，とりまく環境が成人の発達の決定的要因であると考える研究者もいる。シュロスバーグは，これらの視点を①コンテクスチュアル（文脈的）あるいはカルチュアル（文化的）な視点，②ディベロップメンタル（発達的）な視点，③ライフ・スパンの視点，④トランジション（転機）の視点の4つに整理している。カウンセリングの際にも，カウンセラーがどの視点に立つかによって，クライアントの状況の捉え方，アプローチの方法は異なってくる。これらの視点の概要は表9-1（pp.190-191）のとおりである。

　シュロスバーグは，自身の調査やほかの研究者のレビューを通じて次の確信を得るようになったという。その確信とは，「人は生涯を通じて様々な転機や変化を経験する。この転機や変化は，決して予測できるものでも，人生途上で誰もが共通して遭遇する出来事でもない。人それぞれがその人独自の転機を経験している」(Schlossberg, Waters, & Goodman, 1995)ということである。これは④のトランジションの視点に立つことにほかならない。

　フィスケとチリボガ（Fiske & Chiriboga, 1990）は，成人が長い年月の間にどのように変わっていくのかを統計的に調査するため，大きな転機の入口にいたグループ（高校卒業を控えた最上級生，新婚者，子どもをもつ中年の夫婦，定年退職前の夫婦）を12年以上にわたり調査した。その結果，それぞれのグループは，一般的な生

活観，直面しているストレスやストレスに対する態度の点でかなり異なっていることを見出している。この調査から，フィスケとチリボガは，ある人が40歳であることを知るより，その人が40歳で青年期の子どもをもっていて，最近離婚し，引退しようとしているなどを知ることの方が重要であると結論づけている。引退に直面している人は，その人が40歳であっても，50歳でも60歳でも同じような問題を抱えている。つまり，カウンセリングにおいても，各年代に訪れる共通した発達課題を見出していくよりも個々の人々がそれぞれに経験している出来事に注目していくことの方が，クライアントの状況を知り，援助していくためには重要であるということである。シュロスバーグは，こうした視点に立って，成人が転機を乗り越えていくプロセスと，そのための援助の方法について論じている。

　しかし，一方で，シュロスバーグは，トランジションの視点に拘泥しているわけではない。シュロスバーグは，クライアントの援助に役立つと考えれば，それぞれの視点からの知見を活用しようとしているように思われるし，彼女自身も，これら4つの視点はまったく独立したものではなく，相互に関連し合うものであると述べている。また，トランジションの視点を発展させていけば，上記の①～④の視点すべてを含んだ折衷的なものになっていくとも述べている。

トランジションとは

　成人の発達に関して様々な視点があるのと同様，トランジションという言葉も様々に使われている。ここではシュロスバーグのいうトランジションという言葉を明確にしておきたい。その理由は，先に紹介した4つの視点のうち，それぞれの視点に立っている人が，それぞれにトランジションという

言葉を使い，しかも，その意味が少しずつ異なっているからである。ここでは，発達論的な視点から見た「トランジション」とシュロスバーグの提起する人生上の出来事という視点から見た「トランジション」の違いについて述べておくこととしたい。

1. 発達段階の移行期としての「トランジション」

　発達論的視点，つまり成人の各年代や発達段階には共通したある発達課題や移行期があるという見方からは，トランジションは，これらの共通した発達課題や移行期を意味する。また，移行期において自分の人生の転換点となる出来事を意味することもある。これは，人生上の出来事という視点に近いともいえるが，この場合であっても，トランジションは，成人には，ある一定のキャリア発達段階があるという前提に立って，その文脈のなかで使われている。たとえば，金井（2002）は「人生行路（ライフ・コース）や人生のなかで何度か繰り返し起こること（ライフ・サイクル）という文脈のなかで，トランジションは，日常語としては『転機』と訳され，生涯発達の心理学（Life-span developmental psychology）の文脈では，『移行』ないし『移行期』を指す言葉である。人生やキャリアは，安定期と移行期の繰り返しだというのが，生涯発達論やキャリア論におけるライフ・サイクルの視点だ」としている。この見方はいずれも人生行路やライフ・サイクルという連続性のなかでトランジションを捉えようとするものであると考えられる。

2. 人生上の出来事の視点から見た「トランジション」

　これに対して，発達段階の移行期とは異なり，結婚，離婚，

転職，引っ越し，失業，本人や家族の病気などのように，トランジションをそれぞれの個人におけるその人独自の出来事として捉える視点である。そして，これらのいくつかは，その人の人生において大きな転機となる出来事である。シュロスバーグのトランジションはこの意味である。シュロスバーグは，トランジションを自分の役割，人間関係，日常生活，考え方を変えてしまうような人生途上のある出来事と捉え，その出来事自体に注目し，その対処に焦点を当てている。

　さて，こうしてみると，シュロスバーグのいう「転機とその対処」は，実は「ストレスとその対処」という考え方にきわめて近いものと考えられる。彼女は，この点について明確には言及していないが，著作のなかで，自らの「トランジション」の説明の一つにラザラスとフォルクマン（R. S. Lazarus & S. Folkman）の認知評価モデルを掲げていることや彼女が提言している内容から見て，その背景には，認知的評価やストレス・コーピングなどの考え方が流れているものと思われる。

(2) 転機への対処プロセス

　ここでは，ラザラスとフォルクマンの認知評価モデルについて若干解説をしておくことにしたい。

　ラザラスとフォルクマン（Lazarus & Folkman, 1984）は，認知評価モデルにおいて転機に対処するプロセスを強調している。認知的評価とは，人間と環境との間の特定の相互作用，または一連の相互作用が，なぜ，そしてどの程度ストレスフルであるかを決定する評価的な過程である。この評価は，1次的評価（自分の環境で起こ

表9-1 4つの視点の概要

（Goodman, Schlossberg, & Anderson, 2006; Schlossberg et al., 1995 から筆者が抜粋要約）

① Contextual, Cultural	② Developmental
環境，前提が個人の人生にインパクトを与える。	成人の発達には，順序づけられた，しかも，一般に共通した性質がある。
Bertaux 　たとえば，ベーカリーは，週6日，朝3時からパンを焼き，昼過ぎまで働く。この人の労働は，その人の余暇，家族，健康，社会的な活動を規定する。生活のパターンは，こうした生産活動に関係する構造による。 **Rosenbaum & Kanter** 　キャリアの流動性は，組織構造の結果による。 　昇進の機会は，40歳を過ぎると減少する。昇進機会の減少はトラウマになるであろうし，それゆえ，このような心理学的反応が，中年の危機に起因すると考えられてしまう要因となる。この問題は，個人の内面的要因によるものではなく，組織構造による。 **Kohn** 　職業的環境要因は，パーソナリティ，学習能力に強く影響する。 **Neugarten & Neugarten** 　歴史的な変化は，その時代ごとで年齢にふさわしい行動を変化させていく。たとえば，人生が長くなれば，当然，子育て後の人生は長くなる。その期間にとるべき行動も変化していく。 　今日，ライフサイクルは流動化している。 **White** 　構成主義者のアプローチは，われわれが認識している自分とは切りはなされた「客観的な」世界が存在するということではなく，私たちは，能動的に私たちの現実や世界観を作り上げていく過程に取り組んでいることを前提としている。	**1. 年齢を基礎に置いた発達論** **Levinson** 年齢に関連づけられた6つの段階がある。 　それぞれの段階ごとに達成すべき共通の発達課題がある。 　①最初の大人への転機，親離れの段階（16-20歳） 　②大人の仲間入りをする段階（21-29歳） 　③一家を構える段階（30-34歳） 　④自分を確立しはじめる段階（35-39歳） 　⑤中年期の過渡期（40-42歳） 　⑥再安定期（43-50歳） **2. 人生途上での特徴的な，また，きわめて重要な課題の達成結果に基礎をおいた発達論** **Erikson** 　人には8つの発達段階があり，前段階の課題をうまく乗り越えられないと次の段階にはいたらない。Eriksonは，Gooden, Josselsonなどの研究に大きな影響を与えている。 **Josselson** 女性の4つのアイデンティティ・ステイタス **3. 特定の領域（Domain）における発達論** **Loevinger & Kohlberg** 　自我発達段階，道徳発達段階 　人は罰を受けることを恐れて，あるいは社会的な要請にしたがってルールを守る段階から自分の内面的原理や自立性によってルールを守っていくようになる段階へと発達していく。 　特定のドメインにおける発達論は，すべて単純から多様性へ，行動は外部の圧力（権威，他者の判断）によるものから自分自身の判断に，専制的，独断的なものからあいまいさ，不確実性を許容する耐性を増大させるといった進歩を想定している。

③ Life Span	④ Transitional
様々な転機を個々の生涯にわたる連続した課題として捉え，その課題を越えて人は多様にひろがっていく。	変化を引き起こす人生上の出来事（life event）自体とその対処に焦点を当てる。
Neugarten 　個人の多様性を強調。10歳のグループと60歳のグループを比較すると60歳のグループの方がはるかに多様性をもっている。 　個人は，扇のように多様化していく。 Vaillant 　幼少期のトラウマは，成人してからの行動を予言するものではない。 Pearlin 　個人は多様であり，年齢や段階によって一様のライフコースを歩むという考えは支持できない。男性か女性か，マイノリティかマジョリティか，若いか年配か，金持ちか貧乏か，健康か病気かによって成人が経験することは異なっている。 Brim & Kagan 　様々な証拠から発達的段階説は支持されていない。 Whitbourne 　ライフ・スパンにおける対処，適応（Adaptation）について述べている。適応を不連続な出来事に対する反応とは考えず，むしろ生活上の経験を継続的に評価した結果と考える。 　ライフ・スパンの理論家は，人生上の出来事（Life event）を個人の発達の中核的役割を演じる目印，道標，または転換点と位置づけている。それらは各個人の生活の様々な局面の輪郭や方向を示すものであり，個人は，その道標を目印にしながら，その先の様々な道を選び取っていく。 　今日，成人は様々な多様性のなかで生きている。人生上の出来事はそれぞれの個人に特有のものである。	Fiske & Chiriboga 　大きな転機の入り口にいるグループ（高校の卒業を前にした最上級生，新婚者，子供をもつ中年の夫婦，職業生活引退前の夫婦）を長期間にわたり調査した結果，それぞれのグループは，一般的な生活観，直面しているストレス，ストレスに対する態度の点でかなり異なっていた。 　ある人が40歳であるのを知ることは，その人が40歳で成人した子どもをもっていて，最近離婚し，引退しようとしているなどを知るよりも重要度は低い。 Schlossberg 　予測できる転機と予測できない転機を含むトランジション・モデルを提言。 　トランジションは，しばしば途方にくれたり，心的外傷を受ける経験となる一方，成長のための変化をもたらす素晴らしい機会を提供する。 Lazarus & Folkman 　認知評価モデルは，転機に対処するプロセスを強調している。そのプロセスを通じて個人は出来事に適応していく。その出来事，転機は心理的な安寧に衝撃を与える主観的な現象として認知される。

った出来事が，／自分とは無関係なのか／関係はあっても自分にとって無害あるいは肯定的なのか／脅威か挑戦か）と2次的評価（自分は何ができるのだろうか）の2つに分けられる。この1次的，2次的という名称は，順番があるという意味ではなく，2つの評価は平行して，あるいは交互になされ，それぞれに影響し合う。また，この評価には，それぞれの個人的な要因（コミットメント，信念，価値，知覚と思考のパターン）とその人自身がもつ環境への予測や解釈などが様々に影響し，時間とともに評価自体も変化していく。

　対処とは，個人がストレスフルであると評価する人間と環境の関係から起こる要求と，そこから生じる感情を，個人が処理していく認知的努力と行動的努力の過程である。ラザラスとフォルクマンは，実際の対処行動には情動中心の対処と問題中心の対処があることを指摘している。情動中心の対処とは，回避，否認，気ぞらし，積極的な価値を見出すなど情動的な苦痛を軽減するためになされるもので，脅威に満ちた挑戦的な状況を自分では変えることができないと評価されるときに起こる。また，問題中心の対処とは，問題自体を巧みに処理し変化させていくことであり，状況を自分の力で変えることができると評価されるときに起こるとされる。このようなプロセスを通じて個人は出来事に適応していく。シュロスバーグも，重要なのは，出来事そのものではなく，それをどう受け取るか，それにどう対処していくかであることを強調している。また，クライアントが問題に対処する方策として，情動中心の対処，問題中心の対処という2つのレパートリーを掲げている。

3. 理論上の主要概念

　シュロスバーグの主張を要約すれば，「成人の行動を理解したり見定めたりするためには，それぞれの人が自分の役割，人間関係，

日常生活，考え方を変えてしまうような転機それ自体に注目することが重要である。そして，どんな転機でも，それを見定め，点検し，受け止めるプロセスを通じて乗り越えていくことができ，また，この転機を乗り越えるための資源は，4つのS，すなわちSituation（状況），Self（自己），Support（周囲の援助），Strategies（戦略）に集約される」ということである。そして，この4Sがシュロスバーグの提言の最も特徴的なものである。

　シュロスバーグによれば，転機にある個人や，転機自体の内容は，それぞれに異なっているが，それを理解するための構造や切り口は同じであるという。転機を理解するための構造は大きく次の3つの部分からなる。

1. トランジション（転機）へのアプローチ：転機の識別，転機のプロセス
2. 対処のための資源を活用する：4Sシステム（Situation, Self, Support, Strategies）
3. 転機に対処する：資源を強化する

それぞれの概要は次の通りである。

（1）トランジション（転機）へのアプローチ：転機の識別，転機のプロセス

①転機の識別（転機のタイプ）

　転機は，その人がある出来事を転機と考えることによってはじめて転機となる。そして，この転機は3つのタイプに分けられる。すなわち，「予測していた転機（anticipated transitions）」「予測していなかった転機（unanticipated transitions）」「期待していたものが起こらなかった転機（non-event transitions）」である。転機のもつ意味を理解するためには，どのタイプに該当するのか，転機の前後関係あるいは背景，どの程度の重大さをもつか（転機がクライアント

個々の役割，人間関係，日常生活，考え方をどの程度変えていくか)
を識別していくことが必要である。また，失業した人が離婚や親の
病気に遭遇するなど，転機の最中にいる人は，しばしば他の転機も
体験することになる。これに対処するのはきわめて難しくなる。

②転機のプロセス

　ブリッジス（W. Bridges）は，個人にも組織にも適応する転機の
プロセスの概観を，ルイス（M. Louis）は，組織に入るプロセスを，
エバウ（H. Ebaugh）は役割からの離脱（退職など）について論じ
ている。それぞれが取り上げているトピックは，異なった視点から
のものであるが，いずれの理論もトランジションに焦点を当ててい
る。シュロスバーグはこれらを図9-1のようにまとめている。

　どのような転機でも最初の段階は，転機の始まりか終わりかであ
る（ブリッジスは転機の始まりは何かが始まるときではなく，何か
が終わるときとしている）。転機の始まりを最初の段階とすれば，
そこでは，人々は，たとえば，新しい会社に入るとか結婚などのよ
うに新しい規則や暗黙の規範を身近に受け入れ，その獲得のために
多くの時間を費やさなければならない。

　転機の最中では，こうした努力と生活とのバランスをどうとって
いくか，援助を受けているのか挑戦を受けているのか，それをどう
感じ取っていけばよいのかという問題に直面する。このプロセスは，
「こつを学ぶ」ことを知ることからはじまる。このプロセスは長く，
その転機だけでなく，他の部分でも「やったことは正しかったのだ
ろうか」「うんざりしているのはなぜだろうか」「専念できるのだろ
うか」といった疑問が引き起こされることもある。不均衡や混乱の
時期でもある。

　転機の終わりは，一連の転機が終わり，次に何が来るのかを問い
かけはじめるときである。悲嘆の過程は，このプロセスを説明する

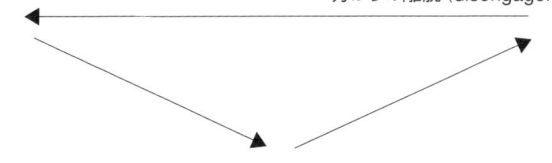

転機の始まり（moving in）

新しい役割，人間関係，
日常生活，仮定・考え方（assumption）

こつを覚える：社会化

アイデンティティの持越し

転機の終わり（moving out）

分離または何かの終わり

役割の終わり

役割，人間関係，日常生活，考え
方からの離脱（disengagement）

転機の最中（moving through）：どっちつかずの状態

通過儀礼における過渡的段階の時期

新しいものの模索：役割，人間関係，日常生活，考え方

ニュートラルゾーン：空虚と混乱の時期

再生の循環過程

希望と精神性

図9-1　トランジション・プロセスの統合モデル（Goodman, Schlossberg, & Anderson, 2006, p.50）

モデルとして有用であろう。たとえば，キューブラーロス（Kübler-Ross, 1969）の死の過程における否認，怒り，交渉，抑うつ，受容という段階は，転職，引越し，転校など，それまで親しんできた環境，目的，友人を失うことを嘆き，受容する過程にも共通するものである。

　そして，その人が転機のどの位置にいるかを見きわめることが重要である。たとえば，失業して2〜3日の人もいれば，半年の人もいる。それによって転機への反応は異なってくる。ただし，一つの転機に終わりがあるわけではなく，一つの転機が新たな転機を生み出していく。転機のプロセスは永続的に続くものであり，それぞれの転機は次第に生活の一部に統合され続けていくものである。

(2) 対処のための資源を活用する

　転機のタイプ，転機のプロセスに関係なく，4つのS（Situation, Self, Support, Strategies）が個人の転機を乗り越える能力に影響を及ぼしている。それぞれのSの内容を吟味していくことで対処に活用できる資源と脆弱な資源を明らかにすることができる。

① Situation （状況）

　a）引き金（何が転機をもたらしたか）。

　b）タイミング（転機は，一般社会的な時宜に合ったものか，早いか遅いか）。

　c）コントロール（転機のうち自分でコントロールできるのはどの部分か）。

　d）役割の変化（転機は，個人の役割の変化を引き起こすものか）。

　e）期間（長く続くものか一時的なものか）。

　f）過去に同様な転機を経験したことがあるか。

　g）転機にともなうストレスの程度。

　h）アセスメント（その状況を前向きに捉えているか，後向きか，都合が良いと考えているか）。

② Self （自己）

　人生上のストレス要因は，多かれ少なかれ，年齢や性別，社会的地位などに関わっているように見える。援助者は次のようなことを知る必要がある。

　a）変化への対処に関係する個人的，個人の身上的・人口統計的（demographic）な特徴。

　　社会経済的地位

　　性（gender）

年齢と人生段階

健康状態

民族性

b）変化対処に関係のある心理的資源。

自我発達段階（ego development）

物の見方 ― 楽観主義（optimism），自己効力感（self-efficacy）

コミットメント（commitment）および価値観（value）

精神性（spirituality）および回復力（resiliency）

自分自身の資源は，人によって様々であり，一人として同じものはない。次のような問いは，援助者がその人を知る上で役立つものである。

・自律的に環境に対処できるだろうか。あいまいさを許容できるだろうか。

・楽観主義者かどうか。コップの水が半分のとき，まだ半分もあると考えるか，もう半分空になってしまったと考えるか。

・何かが起こったとき自分自身を勇気づけることができるか。

・転機に対して自分自身をコントロールできると感じているか。

・自分の努力によって，その結果に影響を与えることができるという信念をもっているか。

・意味や目的を感じているか。

・立ち直るための助けとなる性格を有しているか。

③ Support（周囲の援助）

a）クライアントは，転機を乗り越えるために望んでいる好意（好意，賞賛，尊敬，愛情），肯定，助力を得られているか。

b）クライアントは，広い範囲で援助を受けられるか。配偶者，パートナー，親しい家族，友人，同僚，同業者，隣人，組織，他人，団体。

 c）その人のもっているサポート資源のうち，この転機によって失ったり，弱体化されるものはあるか（失業や離婚によって失う友人関係など）。

 d）クライアントは，自分のサポート資源が，転機に対処するために有力と感じているか。不足と感じているか。

④ Strategies（戦略）

 パーリンとスクーラー（Pearlin & Schooler, 1978）は，ストレスへの対処には，①状況を修正するように働きかける，②問題のもっている意味を変える，③ストレスをマネジメントできるよう対応する（否認，リラクセーションなど）という3つのタイプがあることを明らかにしている。シュロスバーグは，こうした知見に基づき，次の問いへの答えがクライアントの対処の仕方を評価・診断するのに有効であるとしている。

 ・広い範囲の戦略を使っているか。

 ・ときどきは，転機を変化させるような行動を取っているか。

 ・ときどきは，転機の意味を変えるように試みているか。

 ・ストレスを楽々と切り抜けるように試みているか。

 ・何もしない方が良いときがどんなときか知っているか。

 ・目前の課題に応じて柔軟に戦略を選択できると感じているか。

 ・これらをすべて考慮した上で，戦略の程度はどのくらいか。

（3）転機に対処する：資源を強化する

 資源を強化していくということは新しい戦略をとることである。たとえ，ある転機がコントロールできないものであっても，転機をどう扱ったらよいか，その方法はコントロールできるものであり，自分の資源即ち4Sを強化していくことは可能である。

4. カウンセリングへの応用

　では，実際にこれらの4Sを個人カウンセリングの場でどのように活用していくのであろうか。コーミアーとハックニー（Cormier & Hackney, 1993）は，カウンセリングの開始から終結に至るまでのプロセスをモデル化している。このプロセスにおける各段階を縦軸にとり，シュロスバーグの4Sを横軸にとった場合の対応関係は表9-2に示される。

　カウンセリングの最初の段階は，カウンセラーとクライアントとの温かい人間関係，いわゆるラポールを形成していく段階である。これはどんなカウンセリング・プロセスでも共通している。ここでは，カウンセラーに，共感（empathy），純粋性（genuineness），積極的関心・他者尊重（positive regard or respect）の態度が要求される。カウンセリングの第2の段階は，アセスメントである。ここでは，開かれた質問（相手が自由にかつ具体的に，自分の言葉でそれに答えられるような質問），閉じられた質問（「はい」や「いいえ」で答えればすむような質問）によってクライアントの状況を明確にしていく。シュロスバーグの4Sを探索していく段階である。アセスメントは，クライアントに良い影響も悪い影響も与えるという意味で両面性をもっている。したがってアセスメントの過程では，カウンセラーは，つねに注意深く，感受性をもって対応していくことが必要である。アセスメントが成功すれば，クライアントは，自身や状況の理解を深め，苦痛を軽減し，希望や意欲をもつことができる。4Sは，このアセスメント，次に続くゴール設定，介入というプロセスにかかわっている。

　第3の段階はゴールの設定である。これはカウンセラーとクライアントがどこに向かおうとしているのかという問いに答えようとするものである。4つのSそれぞれにゴールを例示すれば，表9-2に

表9-2　カウンセリング・モデル（Cormier & Hackney, 1993）と4Sとの関係

(Schlossberg et al., 1995, p.175)

Cormier & Hackney のモデルにおける各段階	4S　トランジション・モデル			
	Situation（状況）	Self（自己）	Support（周囲の援助）	Strategies（戦略）
リレーションの形成	カウンセラーなどの基本的なスキルを活用する			
アセスメント	クライアントの環境	個人の内的な資源	外部の資源	現時点の対処レパートリーの列挙
クライアントのゴールの探索と提示	環境の部分修正	心の平静を取り戻す	サポートを増大させる	実行計画を発展させる
可能なカウンセラーの介入	環境の再構成や主張訓練	プラスとなる長所の探索	サポート・グループの紹介	問題解決型戦略
終結フォロー・アップ	カウンセラーは「クライアントが自分に何が起こってきたのかをふりかえり，次のステップを計画する」のを援助する			

示されるようなものとなる。もちろん，このゴールは，カウンセリング・プロセスのなかで変化していく。カウンセラーがクライアントを援助していく過程，つまり，クライアントが自分自身やおかれている状況の理解を深めていく過程で，ゴールが設定し直されていく。重要なのは，これらの変化をできる限り明確にしていくことである。第4の段階であるカウンセラーの介入は，カウンセリング・プロセスのなかで最も中心的なものである。カウンセラーは，自身の理論的背景に基づきながら，最も適切な介入を選択していくことになる。介入に当たっては，カウンセラー自身の好み以上にクライアントのニーズに基づいた選択を，カウンセラー自身の経験と満足

の程度以上に問題の性格やクライアントの学習スタイルに適合した
介入をしていくことが望まれる。

　最後の段階が終結，フォロー・アップである。カウンセラーかク
ライアントのどちらかがカウンセリングの関係が間もなく終わると
判断したときから始まるプロセスである。グッドマン（Goodman,
1992）は，定期的なチェックというメタファーでデンタル・モデル
を提唱している。デンタル・モデルとは，歯医者が虫歯がないかど
うかを定期的に検診して，もし虫歯が見つかれば早期に治療すると
いう診断・治療モデルである。グッドマンのモデルによれば，完全
な終結はまれなものになっていく。定期的なチェックは，将来の計
画を立てること，将来に対する意思決定を含むものとなる。

5. 考　　察

　シュロスバーグは，1つの理論にこだわるのではなく，転機に直
面する個人を援助することを目的として，様々な理論における知見
を採用している。しかし，その中心を成すのはトランジションとい
う概念である。そして個人の援助に有効なものとして4Sシステム
を提唱する。カウンセリングはプロセスであるが，この4Sは，個
人カウンセリングやグループ・カウンセリングのプロセスを通じて
明確にされるものであり，その人の対処の資源となるものを整理し，
示すものであると考えられる。サマーズ（Summers, 2002）もシュ
ロスバーグの4Sモデルはアセスメントのツールとして有効である
と評価している。同時に，学生の援助に適用した実証的結果から，
成人のみならず学生にも有用かつ実践的なモデルであることも報告
している。

【参考文献】

Cormier, L. S., & Hackney, H.　1993　*The Professional counselor: A process guide to helping* (2nd ed.). Boston, MA: Allyn and Bacon.

Fiske, M., & Chiriboga, D. A.　1990　*Change and continuity in adult life*. San Francisco, CA: Jossey-Bass.

Goodman, J.　1992　The dental model for counseling. *American Counselor*, I (3), 27-29.

Goodman, J., Schlossberg, N. K., & Anderson, M. L.　2006　*Counseling adults in transition: Linking practice with theory* (3rd ed.). New York: Springer.

金井壽宏　2002　働くひとのためのキャリア・デザイン　PHP 研究所

Kübler-Ross, E.　1969　*On death and dying*. New York: Macmillan.（川口正吉訳　1971　死ぬ瞬間　読売新聞社）

Lazarus, R. S., & Folkman, S.　1984　*Stress, appraisal, and coping*. New York: Springer.（本明　寛・春木　豊・織田正美監訳　1991　ストレスの心理学　実務教育出版）

Pearlin, L. I., & Schooler, C.　1978　The structure of coping. *Journal of Health and Social Behavior*, **19**, 2-21.

Schlossberg, N. K., & Leibowitz, Z.　1980　Organizational support systems as buffers to job loss. *Journal of Vocational Behavior*, **17**, 204-217.

Schlossberg, N. K.　1989　*Overwhelmed: Coping with life's ups and downs*. Lexington Books.（武田圭太・立野了嗣監訳　2000　「選職社会」転機を活かせ　日本マンパワー出版）

Schlossberg, N. K., Waters, E. B., & Goodman, J.　1995　*Counseling adults in transition: Linking practice with theory* (2nd ed.). New York: Springer.

Schlossberg, N. K., & Robinson, P. S.　1996　*Going to plan B*. New York: Fireside.

Schlossberg, N. K.　2004　*Retire smart, retire happy*. Washington, DC: American Psychological Association.

Schlossberg, N. K.　2017　*Too young to be old*. Washington, DC: American Psychological Association.

Summers, S. L.　2002　*A summary and critique of Nancy K. Schlossberg's Transition theory*. Retrieved from http:// www.uiowa.edu/ ~epls/ faculty /pascarel /papers /summers.pdf

渡辺 三枝子・ハー, E. L.　2001　キャリアカウンセリング入門―人と仕事の橋渡し　ナカニシヤ出版

10 サニィ・ハンセン L. Sunny Hansen
統合的キャリア発達

　ハンセン（Lorraine Sundal Hansen）は，カウンセラーの将来像としてキャリア・カウンセリングをとおして，クライアントがバランスのとれた人生を実現し，その選択や決定をとおして社会に積極的な変化をもたらす人となるように手助けする役割を担うことの意義を提唱している。そして，人生や仕事を統合する枠組みとしてILP（Integrative Life Planning：統合的人生設計）を構築した。

1. 個人的背景

　ノルウェーからの移民の家系に生まれ，アメリカ西部の小さな町で育つ。体調をくずしたことを機にミネソタ大学を退職して以降，同大学の教育・人間発達系教育心理学部名誉教授として，執筆に専念した。専門はカウンセリング心理学（counseling and student personnel psychology）である。

　州立ミネソタ大学教育学部（英語ジャーナリズム）を卒業後，大学院（教育学）にて1957年に英語，カリキュラム，教育指導にて修士号を，1962年にカウンセリング，ガイダンスにて博士号を取得した。その間，フルブライト留学生（1959〜60）としてノルウ

ェーに滞在。大学で教鞭をとる以前は，ミネソタ州内の高校でカウンセラーや英語とジャーナリズムの教師をしていたが，1962年以降はカウンセリング，ガイダンス分野で活躍してきた。

ジェンダー役割の問題は，キャリア・ガイダンスに携わる者にとって重要な課題であるという認識から，ミネソタ大学で，ジェンダー役割とステレオ・タイプの問題に取り組んだ。1976年以来「BORN FREE」（ボーン・フリー）プログラムを指揮して，「BORN FREE」トレーニング教材を開発した。BORN FREEとは，「to Build Options, Reassess Norms, and Free Roles through Educational Equity」という英文の頭文字をとったものであり，文字どおり「（ジェンダー役割に）縛られずに生まれる」という意味で，男女の教育的平等を通じて，進路の選択，選択基準の見直し，自由な役割を樹立するためのプログラムである。

ハンセンは，1997年に著した『Integrative Life Planning』のなかで，統合的キャリア発達について詳しく論じている。

彼女はまた，女性のリーダーとして学会活動でも積極的に活躍した。主なものとして米国内では1985～86年に全米職業指導協会（NVGA）の会長，1990～91年にアメリカ・カウンセリング学会（AACD現在ACA）の会長を務めた。また長くInternational Round Table for the Advancement of Counseling　（IRTAC）の理事も務め，カウンセラーおよびキャリア・カウンセラーに教育者として国際的にも活躍してきた。世界15か国以上に招かれて講演やワークショップを行った。日本には，1988年に日本進路指導学会の招きで来日し，1990年には日本心理学会大会に基調講演者として招へいされた。

社会的背景

近年の技術革新にともない，コンピュータを利用する職業選択が

盛んに行われるようになっている。キャリア・カウンセリングは，伝統的な職業選択理論をコンピュータによるキャリア・ガイダンスやカウンセリングに応用することによって，人々が仕事を見つけるプロセスにおいて大きな進歩を遂げた。

ハンセンは，キャリア・カウンセラーという専門職をとりまくアメリカ社会の状況について，次の2点をあげている。

1. 人と仕事のマッチングや履歴書作りの強化に役立つ情報技術の開発と利用への明らかに国家的な取り組み。
2. 包括的な人間発達，バランス，一生涯にわたるキャリア発達に対する関心が，徐々にではあるが増加していること。

インターネットを用いる最先端の情報システムを創造し，そのシステムを提供する教育や職業上の基盤整備には何百万ドルもの資金が割かれている。その一方で親たちは，解雇され，それまでと同様の地位，収入，安定性のある仕事を見つけられない状況に立たされたときにはとりわけ，なぜ何十年もの人生を仕事ばかりに捧げて他のことをないがしろにしてきたのだろうか，と考えはじめている。

つまり，キャリア設計プロセスをコンピュータ化して再就職を支援するやり方へと突進している状況のなかで，バランスと包括的な人生設計はどうなってしまっているのかという難しい問いが残されている。実際，仕事，職場，働き方などにおける劇的な変化を背景として，人生や仕事に対するより統合的なアプローチの必要性が指摘されているのである。

カウンセラーのなかには，クライアントが仕事を人生における他の役割との関係のなかで吟味することを助けるというように，その実践内容を広げてきている人もいる。しかし，ハンセンによれば，大部分のキャリア・カウンセラーは，この個人主義的かつ民主的な情報社会のなかで，いまだに個人の満足のために仕事を見つけることに焦点を当てるばかりで，共通の善（the common good）のために

個々の才能を使うということにはあまり焦点を当てていないのである。

さらにハンセンは，この半世紀にわたる以下のような変化が，カウンセリングやキャリア発達にかかわる専門職に影響を与えてきたと述べている。

・労働市場への女性の劇的進出。
・仕事と家庭の連携とバランスが必要であることの認識。
・移住者，移民，難民の増加にともない，多文化に対応できるカウンセリングの広がり。
・キャリアおよび生涯にわたるキャリア発達の概念の登場。
・複数のアイデンティティと状況とに重きをおくこと。およびそのキャリア・カウンセリングへの影響。
・人生や仕事における精神性（spirituality）を重要視する傾向の増加。
・学校，職場，コミュニティにおける暴力に対する心配。
・持てる者と持たざる者との格差の広がり。
・心理および教育分野でのリサーチにおいて新しい研究方法が認知されてきたこと。

2．理論的背景

ハンセンは，キャリア発達，成人発達の理論，ジェンダー役割の理論，女性学や新しい男性像に関する研究，多文化理論など，幅広い分野を吸収しながら，統合的な理論構築を試みている。

とりわけ，長年にわたって取り組んだ「BORN FREE」[1] プログラムの開発と実践が，ハンセンの理論形成の基盤となったといえよう。BORN FREE は，調査・研修プログラムとして，キャリア発達，ジェンダー役割の社会化（gender-role socialization），社会的かつ教

育的変革の3つの分野を結びつける初の試みであった。

　さらに，社会学，組織経営，ビジネス，医学，経済学，女性学，多文化主義，未来主義，成人発達，キャリア発達などの分野の専門家達が指摘する，地球上で起きている個人，家族，人口統計，組織などにおける劇的な変化にも大きな影響を受けている。

　たとえば，1990年代半ば，経済学者のリフキン（J. Rifkin）は，労働者がロボット，オートメーション，リストラによって置き換えられ，この社会は労働時間の減少に向かっていると結論づけた。経済と未来学者のヘンダーソン（H. Henderson）は，社会の進歩を示す指標として，国内総生産（GDP）や国民総生産（GNP）以外の文化的な指標を見つける必要があると主張している。同様に，スウェーデンのビジネスと経済の教授であるスターク（A. Stark）も，たとえば女性の「家事」などが国家の進歩を評価する指標に含まれていないことに批判的である。ブリッジス（W. Bridges）は，不確実性のなかで生きることを学ぼうと主張し，一人ひとりが起業家精神をもって，チームを組んで働いたり，なすべき仕事を見つけるようにならなければならないと提言している。

　ホール（Hall & Associates, 1996）は，組織経営の視点から，管理職も従業員も，職場での人間関係により配慮するべきだと提案し，上に昇っていくというキャリアのパターンは昔の話で，新しいキャリアでは，変化する組織や社会のニーズに合わせて従業員が変化し適応できるように助ける方向に向かわなければならないと主張した。さらに，職業人は，生涯学習，チーム・ワーク，適応性，多様性の尊重，コミュニケーション，意思決定のスキルを身につける必

---

(1) BORN FREE：キャリア発達における性役割ステレオ・タイプを削減させることをめざして研究開発されたプログラム。「女性のための教育的平等法」に基づくアメリカ教育庁の助成プロジェクトとして，現在でも全米の初等・中等学校のガイダンス活動のなかで実践されている。

要があり，自己反省，積極的な傾聴，共感性，自己開示，協働といった「関係性のコンピテンシー」も必要となるだろうと予見した。

　一方，心理学やキャリア発達の分野では，とりわけ以下のような流れが，ハンセンの理論的背景となっている。

　すでに1950年代にスーパー（D. E. Super）はキャリア発達の定義を広げ，生涯にわたり現実に対して自己を試すプロセスであるという理論を発表した。スーパーは後にその理論を発展させて，1980年代には人生における様々な役割を組み込んだライフ－キャリア・レインボー（the rainbow of life roles and stages）を発表し，現在のキャリア発達理論に多大なる影響を与えている（本書の49ページ参照）。とりわけハンセンは，スーパーが個人の自己実現と同時に社会の福祉への貢献ということも取り上げていたことを指摘している。

　さらに，ようやく心理学やキャリア発達において，質的なリサーチ方法が受け入れられるようになってきた。近年のカウンセリングの理論家や心理学者のなかから，キャリアを物語とみなし，さらにキャリア・カウンセリングを，クライアントが自分の物語を語るだけではなく，望むようにその物語を組み立てるための手段とみなす人々が現れていることにも注目している。

3. 理論上の主要概念

ILP（Integrative Life Planning）：統合的人生設計

　人生やキャリア設計への包括的なアプローチ。仕事をほかの生活上の役割との関係のなかで，または人生のなかで捉える。

　「統合的人生設計」という概念は，生命（体，心，精神），生活上の役割（愛，学習，労働，余暇，市民生活），文化（個人およびコミュニティの），ジェンダー（男女双方にとっての個の充足および

結合性），コミュニティ（地球全体と地域），考え方（合理的と直感的），知り方（量的と質的），個人的なこととキャリアの連携といった様々な側面を包含する。

「統合的人生設計」では，キャリア・カウンセリングをとおして，クライアントがより包括的な生活を実現し，その選択や決定をとおして社会に積極的な変化をもたらす人となるようにカウンセラーが手助けすることを提案している。また，この概念では，個々人は，各自の決定が人類や環境全体にもたらす影響を考慮すべきだと考える。また，組織の変革がしばしば個人の転機につながることから，「統合的人生設計」は個人と組織の変革を結び付けて捉えている。

ハンセンは「統合的人生設計」という概念が示す結合性と全体性というテーマを説明する上で，「キルト」という小さな布を縫い合せながら大きな布を作っていく方法を象徴として用いている。つまり「統合的人生設計」という概念は，一方で，劇的な変化が一人ひとり，家族，コミュニティ，国家，さらに地球をゆるがしている大きな世界や状況を描写し，他方で，キャリアという世界，私たち自身の私的経験や物語，あるいはクライアントの物語といった部分をも描写する。

「統合的人生設計」という概念は，次のような価値観と仮定に基づいている。

1. 世界や家庭での劇的な変化は，キャリア・カウンセラーに大きくものを見ることを要求している。つまり，従業員，学生，クライアントへの処し方についての考えや行いをより幅広いものとし，彼らも変化の諸相を理解できるように助けることが必要である。

2. キャリア・カウンセラーはクライアントが，直線的思考ではなく統合的思考の技能を発達させ，包括的思考の重要性を理

解するように助ける必要がある。

3. 自分の人生や文化における重大な課題や主なテーマに気づいて優先順位をつけることは，人間発達に不可欠である。

4. 変わりゆく社会とそのなかで生きる個人の状況やテーマを理解する上で，新しい個に関する知識と社会に関する知識が決め手となる。

5. 「統合的人生設計」のプロセスにおいて，変化の必要性と変化を担う意思をともに確認することは不可欠である。多様なレベルで変化は起きうるし，個人の変化が社会の変化をもたらすのである。

「統合的人生設計」は，新世紀に個人や文化が直面する 6 つのテーマ，すなわち重要な 6 つの人生課題を提示している。「統合的人生設計」はアメリカ文化に基礎をおいてはいるものの，以下に述べる課題のなかにはほかの文化にも通じるものもある。

キャリア発達と変化するライフ・パターンのための重要課題

①グローバルな状況を変化させるためになすべき仕事を探す。

自分に合う仕事を探すという従来の発想とは異なり，地域や地球規模で我々が直面している多くの問題を解決するために，創造性を発揮してなすべき仕事に取り組むこと。ハンセン自身は，最も重要とみなす仕事として，環境保全，技術の建設的利用，職場や家庭の変化についての理解，ジェンダー役割の変化の受容，多様性の理解，暴力を減らすこと，貧困・飢餓を減らすこと，人権擁護，新たな知の発見，精神性や目的の探究という 10 種類をあげている。

②人生を意味ある全体像のなかに織り込む。

キャリア設計は仕事や職場での役割にばかり焦点を当ててきた

ため，人間のほかの役割や発達（社会性，知性，肉体，精神，感情など）を無視してしまうこともあった。従来見過ごされてきた面や，男女の役割にも焦点を当て，男も女もその人生に自己充足や結びつきを感じられるようにすることが大切である。

③家庭と仕事の間を結ぶ。

職場や家族形態が従来型からどんどん変化していることを考えると，役割や人間関係を新たな視点で捉える必要が生じてくる。そこで「統合的人生設計」は，男女が平等のパートナーとして協力し合うことを強調している。

④多元性と包括性を大切にする。

人種，性別，年齢，障害，信念，言語，宗教など様々な違いをきちんと意識し，様々な視点からものを見ることができるようになること。

⑤個人の転機（transition）と組織の変革にともに対処する。

転機において個人が決断することは，一つの大切な課題である。また，個人が自分自身，家庭，組織における変化の担い手になろうということも強調している。

⑥精神性（spirituality），人生の目的，意味を探究する。

ハンセンは精神性を，宗教的な意味ではなく，一人ひとりがそこから自分自身の意味を理解している中核そのものという意味で捉え，より大きな社会，コミュニティへの貢献という「統合的人生設計」の側面を支える概念として使っている。

「統合的人生設計」は，個人の包括的な成長だけでなく，コミュニティの改善と民主主義社会が目指すゴールをも視野に入れている。6つの課題は相互に関連があるが，主に②，④，⑥は個の発達に焦点を当て，①，③，⑤はより外界や状況との関係に焦点を当てたものである。

「統合的人生設計」は，民主的価値観と社会正義への関心に強く裏打ちされた概念である。

4. キャリア・カウンセリングへの応用

ハンセンは，「統合的人生設計」のキャリア・カウンセリングへの応用について，次のように提案している。

キャリア・カウンセラーが「統合的人生設計」の概念を学生やクライアントとかかわる仕事に応用したい場合には，次の問いかけが有効であろう。「自己の充足と社会の向上をともなった意味のある包括的なキャリア・パターンを開発していくために，この人生課題をどのように利用し続ければよいだろうか」。

「統合的人生設計」が提示する 6 つの課題について，人生の各段階において優先順位をつけた上でいくつかの課題に取り組むことで，「統合的人生設計」はより意味のあるものとなるだろう。

個別のカウンセリングよりも，ワークショップやクラスなどといった形の方が，このプログラムを提供する手段として実行可能であろう。

ハンセン（Hansen, 2001a）は，キルト（さまざまな布を縫い合せて大きな布にするパッチワーク）を象徴的に用いて，次のようにキャリア・カウンセラーの役割を説明している。

「カウンセラーやキャリア専門家は，子どもたち，クライアント，学生，従業員がそれぞれの役割と人生のゴールをデザインし，部分を全体にまとめ上げていくことを助けるキルト製作者のようなものである。さらに言えば，この地球上で，互いを結びつけ，この世界をよりよい場所とし，私たちの人生やコミュニティを共通の善という目的のために創造していくキルト製作者なのである」。

最後に，2001 年 6 月の全米キャリア発達学会（NCDA：全米職

業指導協会の新名称）の大会基調講演のなかで，ハンセンからキャリア・カウンセラーたちへ伝えられた7つの教訓を紹介する。

1. クライアントが，その生活や人生設計をある程度コントロールできると感じるとともに，ときには予期せぬ出来事によってもたらされる失望や失敗にも対処できるように援助する方法を見つけなさい。彼らが「自分はできる」と信じられるように援助しなさい。

2. 心配せずに全体性を求めなさい。それは自然なことなのです。私たちの周りにあふれるばらばらな状況に圧倒される必要はありません。心，体，精神は分けられることなく統合されるべきものなのです。

3. 学生が「なすべき仕事を見つける」ことの本当の意味を考えるように援助しなさい。作家であり神学者であるフレデリック・ブッフナー（Frederick Buechner）は，「様々な職業へとあなたを導く多くの声を聴きなさい。我々は，自分が最も必要とし，また必要とされる仕事に就くべきなのです」と言っています。あなたの天職は「あなたの深い喜びと世界の窮乏が出会う場所」であるという言葉に耳を傾けなさい。おそらくこれが，自分自身に落ち着くための「本当のセルフに出会うための意図的な旅」とユングがいっている意味なのでしょう。

4. クライアントに，知る方法にはいろいろあり，質的なリサーチや知識は，量的・実験的リサーチ以下のものとはいえないのだと教えなさい。精神性（sprituality）は，科学的な説明によってではなく，信念，直感，自己超越によって知ることができるのです。

5. 厳しい状況にいるクライアントにも信頼と希望は必要ですが，

　基本的欲求が満たされていないために，全体性を求める余裕はないかもしれません。クライアントが，自己満足を得るだけではなく，より大きなコミュニティ，とりわけ社会からおきざりにされた人々のためになるような選択をするように援助しなさい。個の発達とコミュニティの発達は，ともに重要なのです。

6. 献身的かつ平等な男女関係を育て，新たな役割に折り合いをつけていくという課題に取り組み続けなさい。多様な文化圏で，女性には仕事の機会が開かれ，男性には父親役を務めたり役割を分担する機会が増えてきているものの，暴力，虐待，権力，いやがらせといった取り組むべき男女関係の問題はまだあるのです。

7. クライアント，学生，従業員に，変化をもたらすエージェントとなり，社会を自由と平等という民主的価値へと導くために役立ち，現状を続けるだけの人ではないとはどういうことなのかを教えなさい。ブラジル人のパウロ・フレイレ（Paulo Freire）は，「conscientizacao」という彼の概念のなかで，「教育（私は，キャリア・カウンセリングをここに加えますが）の目的の1つは，人々を社会的文脈のなかでの自分に気づくように解放することである」と述べています。さらに大切なことは，彼のいう解放とは「人々が自分の世界を熟考し，それを変化させようとするプロセス」なのだということです。

5. 考　　察

　ハンセンは「個と社会全体の相互作用」に注目し，個のキャリアを社会全体をよくしていくプロセスの一つと位置づけている。そこで，キャリア・カウンセラーには，クライアントが世界全体とのか

かわりに気づき，各自が社会に貢献できる場所を見つけることを手
助けするという役割を期待している。個人のキャリアのみにとらわ
れずに，視野を広げ，大きくものを見る大切さが問われているので
はないだろうか。

【参考文献】

金井壽宏　2002　働くひとのためのキャリア・デザイン　PHP 研究所

ハンセン，L. S.　1988　「キャリアガイダンスの過去，現在，未来」（第 10 回日本進
　　路指導学会研究大会特別記念講演）

Hansen, L. S., Johnson, D., Hatfield, T., Teeson, T., Harper, J., & Perreault, G.　1980
　　Born free training packet to reduce sex-role stereotyping in career development. Min-
　　neapolis, MN: University of Minnesota.

Hansen, L. S.　1997　*Integrative life planning: Critical tasks for career development and
　　changing life patterns*. San Francisco, CA: Jossey-Bass.（平木典子・今野能志・
　　平和　俊・横山哲夫・乙須敏紀訳　2013　キャリア開発と統合的ライフ・プラ
　　ンニング: 不確実な今を生きる 6 つの重要課題　福村出版）

Hansen, L. S.　2001a　Integrating work, family, and community through holistic life
　　planning. *The Career Development Quarterly*, **49**, 261-274.

Hansen, L. S.　2001b　"Life planning, life stories, life journeys"（Handouts for the
　　keynote address presented at the annual conference of the National Career
　　Development Association at Tucson, Arizona, on the theme "*Career Counseling:
　　Nurturing the Human Spirit*" on June 28, 2001）.

Hall, D. T., & Associates.（Ed.）1996　*The career is dead - Long live the career. A rela-
　　tional approach to careers*. San Francisco, CA: Jossey-Bass.

Super, D. E.　1951　Vocational adjustment: Implementing a self-concept. *Occupations,*
　　30, 88-92.

Super, D. E.　1980　A life-span, life-space approach to career development. *Journal of
　　Vocational Behavior*, **16**, 282-298.

11 新しい潮流

1. カオス理論の応用

　キャリア発達の研究における伝統的アプローチは，個人特性を理解し，それを仕事に結びつけることをめざすものだった。しかし，変化の激しい現代の労働環境の中で，サビカス（M. L. Savickas）やクランボルツ（J. D. Krumboltz）をはじめとする多くの研究者が，人と環境の一致をめざすという職業心理学の基本モデルの不十分さを指摘し，新たなアプローチや概念的枠組みを提唱するようになった。クランボルツの「計画された偶発性（planned happenstance）」，ジェラット（H. B. Gelatt）の「積極的不確実性（positive uncertainty）」といった概念は，複雑さ，変化，偶然といった新たな視点を取り入れたものといえるだろう。このような新たな流れが生まれた背景には，生命，知能，社会といった複雑な現象を理解するためには，要素に分解して理解しようとする従来からの科学的手法ではない，新たな発想や概念が必要だという認識の広がりがある。

(1)「複雑系（complex system）」とは
　生命や知能，社会など「生きている」システムは要素に分解して

理解することができない。なぜなら，同じ要素でも全体の文脈のなかでその振る舞いが変化し，それによってまた全体が変化するという循環的な仕組みになっているからである。つまり，「複雑系」とは，「システムを構成する要素の振る舞いのルールが，全体の文脈によって劇的に変化してしまうシステム」のことである。「複雑系」科学は，現在の科学的研究の土台となっている還元論的なパラダイムに危機を感じ，新たなパラダイムを模索している最中なのである。

　「複雑系」科学が対象とする現象の一つにカオスがある。ここでは，科学への伝統的アプローチに挑戦する「カオス理論」をキャリア行動の説明に応用しようとする試みを紹介する。

(2) カオス理論とは

　複雑系の科学において「カオス」とは，規則に従って発生したにもかかわらず，不規則に見える振る舞いをする現象のことである。従来，自然のなかの不規則現象は規則に従わない確率的なものだと考えられてきたが，カオスの発見によって不規則な現象のなかにも規則に従っているものがあることがわかってきた。コンピューターによるシミュレーション実験によって，カオス理論の研究は急速に発展してきたのである。

　そもそも，未来未決定なのは量子力学の世界だけだと思われていたのが，我々の日常にも起こっていることが示されたのは 1961 年であった。カオスは 1961 年に気象学者エドワード・ローレンツ（E. Lorenz）が発見した数学モデルである。彼が天気予報を正確に予測しようとして，コンピューターで 3 回予測したところ，3 回ともまったく違う答えがでたところから疑問は始まった。追求の結果，最初の予測は少数点以下が 6 桁であったのに，検算は小数点以下を3 桁で計算していたことが原因であることがわかった。従来数学で

は小数点の違いは，予測の精度の違いぐらいにしか影響を及ぼさないと考えられていたが，初期値として入力した値のたった1000分の1以下の誤差が，結果に大きな影響を与えたのである。

　カオスは，もともとギリシャ語を語源とし，英語では「chaos」と記述され，「混沌，無秩序」などと訳されている。科学技術の分野では deterministic chaos，つまり，「一見無秩序に見えるが背後に無数の秩序構造をもつもの」という力学の現象を表す。従来の物の考え方では，制御や予測が可能なもの以外は混沌や無秩序のなかにあるとされていた。しかし，理想化された直線的な線形システムだけが世の中に存在するのではなく，現実は非線形であり，非線形システムを方程式で表すことができるというのがカオス理論の根幹である。つまり，その決定論的な構造を理解することによって，予測不可能と思われていた事象についても我々人間が予測・制御できるのではないかということが，万物の論理観を大きく変える現象としてカオスが注目されている理由である。パラダイムの転換は，線形から非線形へ，要素還元論からカオスネットワークを利用した構成論を加えた非線形要素還元論へ，という変化の中で進んでおり，既存の学問の分野を超えた様々な領域で，カオス理論による世界観の転換が起こっている（合原, 1997）。

　カオスはどこにでも見られる実在する自然現象であり，法則でありながら予測しがたい結果をもたらすため，安定であると同時に不

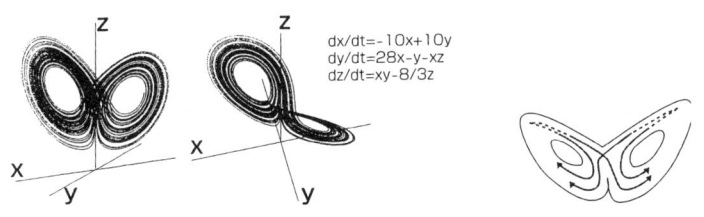

dx/dt=-10x+10y
dy/dt=28x-y-xz
dz/dt=xy-8/3z

図11-1　ローレンツアトラクタ（左，中央）とその不規則な軌道（右）
（井庭・福原, 1998）

安定である。世の中のランダムネス（でたらめさ）とアトラクタ（attractor, カオス特有の不規則な振る舞いには，特定の隠れた秩序があり，それらの結果として得られる点を集めた独特なパターン）からカオスのなかの秩序を導き出すことがカオス理論なのである。

(3) キャリア行動への応用

社会心理学や経営学といった様々な社会科学の研究者が，カオス理論を応用し，組織における人間行動や組織そのものの行動を説明しようと試みている。

2005 年に The Career Development Quarterly に掲載された論文 "The Chaos Theory of Careers: A User's Guide"（Bright & Pryor, 2005）は，カオス理論の中核概念として次の 2 つをあげている。

1. 非線形性（nonlinearity）

   線形システムでは，部分が集まって全体となる。しかし，非線形システムでは，部分の集合体は，それよりも多かったり少なかったりする結果となる。

2. 回帰性，帰納性（recursiveness）

   一つの変数がほかに影響を与え，相互作用が引き起こされる。

以下，上記論文に沿って，カオス理論のキャリア・カウンセリングへの応用を紹介する。

①予測（prediction）

カオス理論アプローチを採用する上での前提は，キャリア発達は種々多様な影響を受けるものだという認識である。昨今では，キャリア行動への偶発的な出来事の影響は，以前考えられていた以上に大きいものであるという認識が広がっている。キャリア発達の専門家は，クライアントの過去の行動，知識，スキル，興味に基づいて，

より望ましい方向性を助言するものなので，このような偶発的出来事の影響を考慮することは大きな挑戦である。サビカス（Savickas, 1997）は，キャリア・カウンセラーの仕事は，人生を見通すことであり，一つの人生テーマを将来へと展開することだと主張している。

　カウンセリング分野では，メタファー（隠喩，暗喩），神話，原型，詩，ヒーロー，物語を使って，クライアントが直面する複雑さ，変化，チャンス（偶然）を扱う試みがなされている。従来，心理学における予測の方法は，演繹的思考（三段論法）と帰納的思考（観察から一般化）だったが，さらに蓋然的思考と呼ばれるもう一つの問題解決方法の活用が求められている。蓋然的思考では，パターンや関係性を扱い，あらゆる知識が，疑問と修正，そして別の視点からの解釈の対象となりえる。その様式は，メタファーや神話といった方法に類似することが多い。

②複雑さ（complexity）

　キャリアは，親，社会，環境，性別，年齢，政治経済，興味，能力，地域など，種々の出来事の影響を受ける。このような要因は，予測不可能であり変化する。キャリア・カウンセラーはこの複雑さを考慮し，クライアントが人生に与えられた様々な影響に目を向けるように促さなければならない。

　この場合，プロセスや影響そのものや，それが個々人の体験をどのように形成したのかを理解することが重視される。ナラティブ（narrative）カウンセリングの技法では，キャリアを理解するために物語や構成（construction）が果たす役割を重視している（Amundson, 2003; Savickas, 1997）。サビカス（2005）は，個人は職業行動や経験に意味を付与しながら各自のキャリアを構築するとして，彼が提唱する構築主義（constructivist）カウンセリングでは，

人やその環境ではなく，そのキャリアを作り上げた種々の事柄に注目する。このようなアプローチは，プロセスとパターンの理解を重視するカオス理論と一致している。

　キャリア・カウンセラーは，クライアントの全容に目を向け，本人が各人生のパターンやプロセスを理解できるよう助けるべきである。カウンセラーは，話題を「キャリア関係」のみに限定してはならない。クライアントの家族状況，子ども時代，趣味，読書，重要な出来事，悲劇といった人生の様々な側面，さらにはより大きな政治問題や関心にまで目を向けるよう促すべきである。過去のキャリアに関する決断を思い起こす際には，そのころの状況要因にも目を向けるよう促すとよいだろう。

③創発性（emergence）

　創発性とは，もともと下位の階層にない特性が上位の階層で発現するという，伝統的な科学のアプローチに反して出現するプロセスである。つまり，複雑さに潜む行動パターンを探していくうちにそれが浮かび上がってくることなのである。必然的に，このようなアプローチは測定という科学的正確さを欠いている上，その方法は，語り，類似，メタファーといった質的なものとなる。この場合，クライアントの現状や自己理解にとって意味のあるようにそのシステム行動（system behavior）を説明することが重視される。カウンセラーは，すべての影響を知ることはできないという限界はあっても，出現する行動パターンをいくつか確認しようと試みることはできる。このようにして，クライアントは，自分のライフ・ストーリーがどのように展開しているかをより理解し，結局は，将来のキャリアへの展望をもつことができるようになる。

　カウンセリング過程としての創発性は，クライアントの過去の行動を，テーマ，語り，先入観，様々な予想不可能な影響などを通し

て，意味づけるプロセスである。このプロセスにおけるカウンセラーの役割は，クライアントが自分のキャリア行動を理解し，偶発的な出来事を含めて様々な影響に注目できるように助けることである。その上で，様々な影響，出来事，テーマを利用する方法を各クライアントと共に開発できる（Krumboltz & Levin, 2004）。

④非線形性（nonlinearity）

　非線形の方程式では，集合体や平均となる行動を記述することはできない。なぜなら，入力変数のわずかな変化が，出力に劇的な変化をもたらしうるからである。非線形の本質とは，複雑なシステムの一部に起きた変化とそのシステムのほかの部分に生じる変化の間に不釣合いが起きうることである。

　サビカス（Savickas, 1997）は，カウンセラーがクライアントの使う言葉に注意深く耳を傾けることを推奨した。なぜなら，言葉からそのクライアントの先入観が明らかとなり，将来どのように行動するであろうかがわかってくるからだ。カオス理論では，未来は何らかの場所や時間として概念化されるのではなく，未来とは本質的には個人が次に発する考え，言葉，行動なのである。

　つまり，カウンセラーがクライアントのキャリアに変化をもたらすための介入は，たった一言で十分かもしれないのである。

⑤非予測性（unpredictability）

　キャリア・カウンセラーは，クライアントがチャンスを探し，それを生かすことができるように促すことが望ましい。ジェラット（Gelatt, 1991）が名づけたように，カウンセラーはクライアントが積極的不確実性を受け入れるように促さなくてはならない。クランボルツとレビン（A. Levin）は，各自が偶然の出来事を活用するために役立つ一連の原則を示した（Krumboltz & Levin, 2004）。

　クライアントの人生における偶然の出来事について話し合うことで，クライアントは自分のキャリアに関する決断や歩みを合理的に説明しなくてはならないという思い込みから解放されるものである。クライアントの過去について尋ねるとき，カウンセラーは計画していなかったり予想外だった出来事についての質問を投げかけてみるとよいだろう。

⑥アトラクタ（attractors）

　アトラクタとは，何かを引きつけたり吸い寄せたりすることを意味する。従来，アトラクタは，一点に収束する動きを表す点アトラクタ（point attractors）と，連続的に繰り返す動き（周期運動）を表す周期アトラクタ（pendulum attractors）の2種類しかないとされていた。また，2つ以上の周期運動が合成された場合の動き（準周期運動）は，位相空間内で幾何学的に見るとドーナツ状のトーラス（円環）という形状を示し，すべての力学上の動きはトーラス（円環）アトラクタ（torus attractors）に落ち着くと考えられていた。ところが，カオスの状態を表すアトラクタは，トーラスが崩れて奇妙な形に吸い寄せられるもので，その本質がだれにもわからないという意味でストレンジアトラクタ（strange attractors）と呼ばれた。

　不規則だが自己相似形の構造という特徴をもつストレンジアトラクタは，カオス特有のモデルである。時間の経過とともに，ある種のパターンが浮かび上がってくる。

　個人特有の技能や特性は，そんなパターンの一例といえるだろう。カウンセリングでは，クライアントのストレンジアトラクタを探ることによって，過去や現在の行動を理解し，未来への準備が可能となる。ミクロレベルでは予測不可能な自分のキャリアではあっても，マクロレベルでの可能性につながっていることを認識することで，

クライアントは職場での変化や不確実性に対処する方法を見出すことができるようになる。さらに，自分特有のパターンやテーマ，そこに働く様々な影響に気づき，そういった事柄にささやかな変化をもたらすことが，自分のキャリアにおける大きな変化につながるとクライアントが考えるように促すことができるだろう。

(4) まとめ

　カオス理論は，個人が，複雑かつ非線形で，セレンディピティ（serendipity：偶然，幸せに出会う能力）に満ちた人生をありのままに体験する現実を扱う。この理論によって，偶然，不確実性，知の限界，非線形の変化といった従来見過ごされてきた様々な現象に目を向けやすくなったといえるのではないだろうか。

　キャリアに関する理論のなかでも，とりわけサビカスが提唱する構築主義カウンセリングは，人やその環境ではなく，そのキャリアを作り上げた種々の事柄に注目する。彼は，キャリア・カウンセラーの仕事は，人生を見通すことであり，一つの人生テーマを将来へと展開することだと主張している。このようなアプローチは，プロセスとパターンの理解を重視するカオス理論に通じるものだといえるだろう。

　「最初のわずかな違いはまったく違う結論を導き出す」というカオス理論は，日々の生活のなかでのわずかな違いが私たちの未来を左右することを示している。自分の行動パターンやテーマを自覚する努力をしつつ，わずかな違いをおろそかにせずに過ごすことが，実は将来の展望を開くことにつながることを教えてくれているように思われる。

2. キャリアから「働くこと (working)」へ

　職業心理学 (vocational psychology) の関心は，個人と仕事とのマッチングである職業選択 (vocational choice) に始まり，個人の職業人生の発展に焦点を当てるキャリア発達 (career development) を経て，より広い意味での仕事 (work) と関係性 (relationship) に目を向ける方向に進んでいる。

　これまでは，キャリアといえば，原則として賃金を得る職業人生に関する話であることが前提であったが，今では，それ以外の生活を含めた人生全体の満足度を考える方向へと向かっている。キャリアという概念には人生という意味も含まれているからだ。

　広い意味での仕事には，労働市場においてお金を稼ぐために働く賃金労働 (market work) だけでなく，社会のなかで，町内会の当番，マンションの理事会，PTA 役員，子育て，家族の介護など，様々な役割を果たすために働く非賃金労働 (personal care work) も含まれる。人は，仕事上の人間関係 (market work relationships) だけでなく，家族や友人，ご近所との個人的な人間関係 (personal relationships) に囲まれて生活している。

　特に高齢化社会へと向かう日本では，この社会の変化に応じて，キャリアの概念を捉えなおし，雇用という視点だけではなく，意味のある人生を送ることに目を向けることが求められている。年金生活者となってからも，生きている限りキャリアは続いていく。そこで，キャリアを主に企業での雇用労働の範囲で考えるのではなく，より幅広く，家庭や地域を支える働きを含めて，社会の一員として働く一人ひとりが意味のある人生を送れるように支援していくことが求められている。

　アメリカでは，20 世紀末ごろから「キャリア」についての議論がはじまった。キャリアは家庭や社会でのあらゆる活動を包含し，

収入を得るための職業だけのことではないという指摘が出てきたのである。キャリアに関する研究は，働きたくても働けない状況にある人々を含む社会的立場の異なる人々の社会の一員としての働きにまでは目を向けて来なかったという批判もされるようになった。

その議論のなかで，「キャリア」という言葉ではなく，working という言葉を使おうとする新たな動きが生れている。Working の和訳は，「働くこと」「仕事（をすること）」「労働（すること）」などであり，的確な日本語が見つからないものの，少なくとも，働くことの多様な意味に目を向けるきっかけを与えてくれる。

働くこと（working）の概念の根底には，「人は他者との関係性のなかで生き成長している。他者との関係なくして生きられない」という社会的存在としての人間という人間観がある。したがって，賃金労働としての，生活の保持や社会的地位を意味する職業だけではなく，賃金をともなわないボランティアワークや奉仕活動もまた働くことであり，障がいをもつ人のように一見他者の手助けを受けることで生活できる人であっても，そこに存在することが他者に影響を与えているという意味で，働いているといえる。

今後ますます，定年が延長され，長く働く高齢者が増える組織では，一定年齢になった高齢者が部下を上司として受け入れ，改めて組織を下から支える立場に新たな意味を見出せる仕組みを浸透させることが重要となるだろう。また，高齢になってからも，地域社会を支える様々な役割を引き受けることで，意味ある人生を構築していくことができるのだ。

【参考文献】

合原一幸　1997　人間の世界観を変えるカオス　その研究と応用の現在　アーク都市塾講義レポート集　第 17 期　Retrieved from http://www.academyhills.com/gijiroku/17/17_5. html

Amundson, N. E.　2003　*Active engagement: Enhancing the career counseling process.* Richmond, British Columbia, Canada: Ergon Communications.

Blustein D. L.(Ed.)　2014　*The Oxford handbook of the psychology of working*. Oxford University Press.（渡辺三枝子監訳　2018　ワーキング心理学－働くことへの心理学的アプローチ　白桃書房）

Bright, J. E. H., & Pryor, R. G. L.　2005　The chaos theory of careers: A user's guide. *The Career Development Quarterly*, **53**, 291-303.

Butz, M. R.　1997　*Chaos and complexity: Implications for psychological theory and practice*. Washington, DC: Taylor & Francis.

Gelatt, H. B.　1991　*Creative decision making: Using positive uncertainty*. Los Altos, CA: Crisp.

井庭　崇・福原義久　1998　複雑系入門―知のフロンティアへの冒険　NTT出版

Krumboltz, J. D., & Levin, A.　2004　*Luck is no accident: Making the most of happenstance in your life and career*. Atascadero, CA: Impact.（花田光世・大木紀子・宮地夕紀子訳　2005　その幸運は偶然ではないんです！　ダイヤモンド社）

Masterpasqua, F., & Perna, P. A.（Eds.）　1997　*The psychological meaning of chaos*. Washington, DC: American Psychological Association.

Richardson, M. S.　2012　Counseling for work and relationship. *The Counselling Psychologist,* **40**(2), 190-242.

Savickas, M. L.　1997　The spirit in career counseling: Fostering self-completion through work. In D. Bloch & L. Richmond（Eds.）, *Connections between spirit and work in career development: New approaches and practical perspective*. Palo Alto, CA.: Davies-Black. pp.3-26.

Savickas, M. L.　2005　The theory and practice of career construction. In R. W. Lent & S. D. Brown（Eds.）, *Career development and counseling: Putting theory and research to work*. Hoboken, NJ: Wiley. pp.42-70.

結　び

外国で育った理論の理解の困難さの再認識

　はじめに述べたように，本書は，キャリア・カウンセラーを志してきた我々が，専門家としての能力を磨く過程で，背景にある理論をできるだけ正確に知りたいし，理解しなければならないという思いから出発した勉強会の成果である。それぞれの理論は，提唱者自身ですら，説明するのに複数の著書を出版しなければならなかったくらい奥深く，かつ時間をかけて発展してきている。したがってわずか9名の理論とはいっても，1冊で紹介しようとすることは困難であった。そこで，我々は，まず第一に，本書が提唱者自身の手による著書への水先案内的な役割を果たすことを目的とした。さらに，9つの理論がそれぞれ特徴をもつことを示すことで，ほかのキャリア発達の理論への関心を広げてもらうこともめざした。そのため，それぞれの理論家の中核的な部分に焦点を当てるにとどめた。

　我々は，出版することを目的として勉強会を開始したわけではない。「どうしたらそれぞれの理論をできるだけ誤解なく理解できるか」「次々紹介される新しい，あるいは新しく見える理論やアプローチとどのように付き合うか」「理論の勉強はどうあったらいいのか」という課題と真剣に向かいあった結果，理論家の個人的背景，アカデミックな教育的背景，ほかの理論家との関係，そして中核と

なる概念だけは押さえていなければならないという結論に達したのである。

本来なら，理論の提唱者を直接インタビューできるのに越したことはなかったであろうが，それはいろいろな事情で不可能であったし，また，我々には現実的な学習法でもない。そこで，出版されている原著や翻訳書，論文などを情報源とした。このようにしてキャリア理論の提唱者たちについて調べていくうちに，我々は英語で表現された内容を日本語で説明することの難しさと危険について考えさせられた。

我々の関心の対象である「キャリア発達」は，すべての理論がアメリカで発達したものである上に，学際的な部分ももち合わせている分野であることが誤解を生みやすいことも認識した。そこで，特に主要概念の部分では必ず原語・原文に戻ることにした。「キャリア」問題は，社会学，経営学，経済学など，多様な学問分野で取り扱われているので，学問的背景を異にすると，同じ英語（原語）でも当てはめる日本語が異なり，その結果解釈がゆがめられることが起きていることも発見した。

ここで取り上げた９名はすべて心理学者であるので，心理学の範囲にとどまることができた。それでも主要概念を理解するためには心理学の基礎理論（パーソナリティ理論など）の専門書を幾度も紐解かざるをえなかった。翻訳本を参考にしていて理解に苦しんだときには，原語とその語源にまでさかのぼったりもした。幸い我々のなかに，かつて外国語と外国文学を専門とした者が複数いるので，原語そのものの意味を探すところまで立ち戻ることもできた。

我々は「アメリカで育った理論や考え方は所詮文化を異にする日本には当てはまらない」というもっともらしい考え方には同意できないし，それはカウンセラーらしくないと考える。「その理論に賛同できない」という思いを「文化の違い」と勘違いしている場合も

かなりある。賛同できるかできないかは個人の価値観の問題であって，文化の違いではない。我々は，カウンセラーらしく，「それぞれの理論は，人間と同様，独自性をもつものである」という前提に立って，できるだけ提唱者の主張しているとおりに理解するように努めた。しかし，それは非常に困難な仕事であることを再認識した。中心となる「キャリア」という単語そのものが英語をカタカナに置き換えた外来語であることからもわかるように，この分野では異なる訳語やカタカナ語が氾濫し，新しい言葉も次々生まれているからである。

　こうした現状を直視しながら，本書の執筆過程で我々が発見した「理論を理解する上で混乱や誤解の原因となりうる」言葉を紹介してみたい。

1）キャリア理論の提唱者が新たに作り出した表現

　本書では，キャリア理論の各提唱者が提示する概念を紹介するにあたり，できるだけ日本語の後に括弧をつけて原語の英語を記している。たとえば，クランボルツの「計画された偶発性」（planned happenstance），ジェラットの「積極的不確実性」（positive uncertainty），ホールの「変幻自在なキャリア」（protean career），ハンセンの「統合的人生設計」（ILP：Integrative Life Planning）などである。これらについてはすでに日本語として定着しつつある訳語もあるかもしれないが，異なる訳語やカタカナ語で紹介されている場合もあるので，注意が必要である。

2）日本語に置き換えるときに注意を要する用語

　何といっても，まずは「キャリア（career）」という言葉に注意しなければならない。非常に日常的な言葉となっているがゆえに，改めて定義し直そうとしないと，勘違いされる言葉である。身近な

言葉であるがゆえに，それぞれの理論家のもっているキャリアの概念に注意をはらわず，自分流の解釈を当てはめている可能性がある。たとえば，日本においてキャリア（career）という用語は，職務（job），職種（occupation）とほとんど同義語的に用いられている現実もあり，また職業生活での昇進，昇格という意味を内包させていたりする。最近ニュー・キャリアという言葉が欧米で使われるのは，従来のキャリアのイメージを払拭するためであろう。そこで文献を参考にするときには，それぞれの著者がこれらの用語をどのように区別して使っているかに気をつける必要がある。profession やvocation についても同様であろう。

　「キャリア」については序章で詳しく説明したが，ここで再度指摘しておかなければならないことがある。それは「キャリア」という言葉には，「職業との関わりにおける個人の行動」，あるいは「個人が，具体的な職業や職場などの選択・決定をとおして創造していく『個人側のプロセス』」という意味が含まれており，仕事を経験している「個人」「個人の内面」の意味が内包されているということである。したがって，外国の文献でキャリアという言葉を用いるときの視点は，仕事そのものではなく，仕事と関わる「個人」に向けられているという点では共通していると認識しておく必要があるであろう。

　もう一つ苦労した言葉として「life」という英語がある。この言葉は日本語では「生活，人生，生命」などに置き換えられている。どの日本語を当てるかによって，微妙にニュアンスが異なる。また，どの日本語を当てても「life」という英語のもつ意味をすべて表現することはできないように思われる。

　キャリア発達という概念は「個人の freedom of choice と responsibility」という理念の上に構築されている。日本において明治時代に，freedom は自由と，responsibility は責任と訳された。おそらく

その後，たいした疑問ももたれずにこの訳語に置き換えられてきた。「responsibility」を例に取り上げてみると，この言葉の語源には「応答する」意味が含まれているが，「責任」という日本語にはその意味は含まれていないのではないだろうか。本来の意味を考えると，もしかしたら自己および社会への「応答性」という訳を当てた方が適切だったのではないだろうかという極端な意見も出た。

翻訳に苦労する言葉として，「social」と「societal」もあった。ともに日本語では「社会的」としか訳しようのない形容詞だが，前者は人間関係的な要素を含み「社交的」という意味にも使われるが，後者は厳密に「社会」についてのみ使われるようである。

用語ではないが，概念を理解する上で障害になりかねないこととして，英語では容易にできる「単数と複数の区別」がある。日本語では本来あまり複数を意識した言い回しはしなかったと聞く。birds（bird の複数形）を「鳥たち」というようになったのは最近のことであろう。

心理学の概念を理解する上で，単数で書かれている場合と複数で書かれている場合とでは大きな違いが生じることがある。それを日本語で表現するのは至難の技である。たとえば本書でもこの点で苦労したのがスーパーにとって鍵となる概念である self-concept（s）「自己概念」，またシャインが提唱するキャリア・アンカー career anchor（s）である。両方とも原著書を見ると文脈によって単数と複数が使い分けられている。しかし，日本語ではその区別を簡単には表現できないし，区別されてもいない。

だが単数，複数が明らかにされないまま翻訳されていくうちに，概念の解釈にゆがみが生じてきたことはないだろうか。

本来，特定の個人がもつ自己概念は，その本人の多様な側面によって構成される。たとえば，身体的，社会的，知的など。そのような要素の一つがキャリア自己概念である。

　キャリア・アンカーは特定の個人にとっては一つしかないが，キャリア・アンカーそのものは複数存在する。そのうちの一つを各個人が自分のアンカーだと認識するわけである。ちなみに，シャインのキャリア・アンカーがポピュラーになるにつれて，かなりの誤解も生じていることを指摘しておきたい。誤解とは，キャリア・アンカーを従来の特性論の考え方で解釈し，特性の一つと解釈して，職業未経験の高校生や大学生のパーソナリティー特性や適性の診断に使用することをさしている。シャイン自身 2006 年に来日した際に，その点に留意を求め，「キャリア・アンカーとは成人のセルフイメージである」と強調されていたことを思い起こす（キャリア・アンカーについては第 7 章を参照のこと）。

　さらに，原語では価値を反映していない言葉であっても，表意文字で表すことによって，社会的価値を反映してしまう恐れもある。たとえば，スーパーの発達段階の最終段階を「disengagement」と呼んでいる。年をとり，仕事から離れるという意味で，特別の価値は含まれていない。これに我々は「解放」という訳語をつけた。しかし，「解放」という言葉には，仕事から「解き放たれる」という肯定的な意味あいがあり，すでに特定の印象を与えてしまう恐れがないだろうか。その場合，「離別」という表現の方がよかったかもしれないとも思う。

3）同一原語に複数の日本語が当てられる混乱

　本書の準備をしていく過程で出会った非常に困難な課題がもう一つあった。今まで指摘してきたことは我々の分野以外のところでも起こりうることであろうが，ここで述べることはキャリア関連の分野に特有かもしれない。それは「原語が同じなのに，日本では別の用語が付されていることからくる混乱」である。その原因は，原語を日本に紹介した学者の専門分野の違いにあるのではないかと推察

される節が多い。

　その例の代表的なものを二つだけ紹介してみたい。その一つは，まさに本書のタイトルにも関わる career development という言葉である。もう一つは transition である。

　恐らく困惑しているのは，専門家ではなく，キャリアに関連する学習と真剣に取り組み，文献を読んでいる人々ではないだろうか。それぞれの分野の専門家は混乱している現状に気づかないかもしれない。こうした現象は，日本では学際的な交流が始まって日が浅いので，ほかの専門分野についてはあまり関心を払わないできた学者や研究者が多いことに起因するかもしれない。他人の専門分野を，自分の分野と同じくらいに尊敬し，重視していないのかもしれない。いずれにしても原語と翻訳語の関係を明らかにしないままでいる日本の状況は，他人の理論を自己流に解釈することを許したり，学際的な研究を妨げたりする結果となりはしないかと心配である。

　我々は自分の分野に固執しないように心がけ，どちらの訳語の方が，より原著者の考えを反映する日本語であるかを検討してみる道を取ってみた。そして，語源に戻ってみたり，ほかの外国語の訳語を調べたりしてみた。

　まず career development を取り上げたい。日本ではこの英語を「キャリア発達」と訳す分野と，「キャリア開発」と訳す分野，さらに原語をカタカナ書きにして用いる場合もあるということである。課題は「develop」という言葉を「発達」と訳すか「開発」と訳すかであった。「develop」は自動詞としても他動詞としても使える単語である。自動詞であれば「発達する」，他動詞であれば「発達させる，開発する」と訳すことになる。語源と考えられるラテン語を紐解いてみた。ラテン語の「develo」は「被いを取る」，とか「あらわす」である。フランス語の「développer」は「たたんだものをひろげる」から「神秘を解く，能力を発揮する」，また「成長（発

育，発達）させる」から，「（商売などの）手をひろげる」「（友情などを）育む」，さらには，「（写真を）現像する」などである。こうしてみると，名詞である「development」は，「発達」でも「開発」でもどちらもよいことになる。

　しかし，日本語の「発達」と「開発」では人間に対する姿勢，特にキャリア支援に関わる者の姿勢に微妙な違いがあるように感じられてならなかった。その微妙な違いが career development の理論の理解を困難にしているようにも推測できた。そこで，キャリア発達の理論を理解する上でどちらが望ましいかを考えた。その結果たどり着いた結論は，心理学を背景とする人々は「キャリア発達」と訳し，他方，経済学，経営学を背景とする人々は「キャリア開発」と訳しているということである。前者は，キャリア発達を発達心理学の一応用領域と捉え，個人の行動の一側面としての職業（キャリア）行動，つまり職業とのかかわり方という主観的で内的な側面，行動の力動を対象とし，キャリアのもつ主観的側面に焦点を当てている。そして，後者は，キャリアを人間のかかわる対象として捉え，キャリアの客観的な側面に重点をおいているといえるかもしれない。

　南（1988）は論文「キャリア開発の課題」の中で，キャリア発達（career development）研究を精査した上で，キャリア発達の研究といっても，その多くは特定の方向性のなかでの個人の動きを客観的に捉えようとしているので，厳密には「キャリア進展（career progression）」の研究であると批判している。また，さらに，キャリア発達研究が心理学的知見に立ち，個人がキャリアを発達させていく「心理学的メカニズム」に焦点を当てるのに対して，キャリア開発は，キャリア発達が個人と組織の両方にとって一層意義有らしめていくための「方途」であるとも説明しているところから，両者の違いを指摘してくれているように読み取れた。

　実は，ハー（2001）は，原語の「career development」自体の意

味も二つのカテゴリィに大別できることを指摘している。すなわち彼は，生涯にわたるキャリア行動の概念化を取り扱うカテゴリィ（例：キャリア理論とかキャリアの概念化）と，それとは別に，キャリア支援実践家に役立つ介入行動を取り上げるもので，クライアントのキャリア行動を促進するための実践方策（例：キャリア支援の実践，そのテクニックやアセスメント等）を指すカテゴリィを峻別している。ハーの分け方による第一のカテゴリィは，南のいう「キャリア発達研究」に当たり，第二のカテゴリィは南の「キャリア開発」の解釈と一致する。

　キャリアには，主観的と客観的という2面があるという説明もある。ホールとシャインが指摘しているように「キャリアには主観的な側面（価値観や態度やモティベーションの変化など）と客観的な側面（特定の職種への異動を決定するというように観察可能な具体的な選択行動）の両面がある」（金井, 2001, p.138）と仮定したなら，両方の意味が内包されていることを認識することが重要である。その意味ではどちらの用語の方がより適切であるかは決めがたい。ただ重要なことは，原語は同一であり，人間行動に焦点が当てられているということである。本書では，すべて心理学者を取り上げているので「キャリア発達」を用いることとした。

　もう一つは transition である。本書ではすでに出版されている翻訳書のタイトルでカタカナが用いられていることにならい，トランジションとした。しかし，カタカナで書いたから問題が解決したわけではない。キャリア関連の書物を紐解くと，いくつもの異なった訳語が当てられており，やはり訳語が原因となって，この言葉で意味するところの解釈が微妙に異なっているように思われた。たとえば「転機」「節目」そして「移行」などが代表的であろう。この言葉の場合も「人生」というものの捉え方の違いが反映されているようである。「転機」は，転機となる出来事に注目し，「移行あるいは

移行期」は，転機を，一つの状態（出来事，段階，環境など）から次の状態に移るプロセスとして捉え，かつ発達的視点に立つ場合は，その移行が発達のもつ方向性を意味しているようである。

　ちなみに原語を参照してみると，transition はラテン語の transeo から発しており，「越えている，渡す，移っていく，推移する，通過する」などの意味があり，そこから転じて「妥協する」とか，「経過する，生涯を終える」などの意味もあるそうである。Trans のつく言葉を見ればどれも「1次点（場所）から移る，次に移る」という意味が含まれていることを考えると，「転機」や「節目」という日本語を当てたとしても，そこには「時間と空間のなかでの動きのプロセス」が内包されていることを理解しておいた方が望ましいのではないかという結論に至った。

　なお日本語ではみな人生と訳されうるが，ライフ・スパン（life span）やライフ・コース（life course）という表現は，人生の不可逆的な直線的（らせん状をとりながらも一方向をめざす）時間の流れという側面を重視しているのに対して，ライフ・サイクル（life cycle）の場合には，生物としての人間の人生の「無から生まれ，死して再び無に帰る」という循環という側面を捉えているのではないか，と考えられる。

　これらのほかに spirituality（精神性，高い志），assessment, gender, commitment, identity, value, contextual, demographic など，日本語に置き換えにくい用語に直面し，その意味の解釈に慎重にならざるをえなかった。このように訳語を問題視したが，他方で我々は，翻訳語にこだわらずに，著者が言わんとする意味を表現することに努力をしたつもりである。我々には，関心ある人々が，それぞれの専門を重視しながらも他者の専門に心を開き，先人の声をできるだけ正確に理解できるように，真摯な態度で協力し合うことが，この至難な作業を可能にするという体験もできた。研究者，関心をもつ

239

者が協働作業する意義を指摘しておきたい。

　最後に，人名についても，日本語の音に置き換える際に，訳者によって異なる音が当てられることがある点についても，注意を促しておく。

【参考文献】

Herr, E. L. 2001 Career development and its practice: A historical perspective. *The Career Development Quarterly,* **4**, 195-211.

金井壽宏　2001　キャリア支援の課題：学校から社会への節目になにができるか　第1回 GCDF Japan キャリア・ディベロップメント・カンファランス報告書

南　隆男　1988　キャリア開発の課題　三隅二不二・山田雄一・南　隆男編　組織行動科学　福村出版

人名索引

事項索引

執筆者一覧（執筆順，＊は編者）

渡辺三枝子＊（わたなべ・みえこ）
筑波大学名誉教授
ペンシルバニア州立大学大学院博士課程修了，Ph.D.取得（カウンセリング
　心理学・カウンセラー教育専攻）
［本書執筆担当］まえがき・1章・2章・3章・結び

田中勝男（たなか・かつお）
公認会計士田中勝男事務所代表　中央大学総合政策学部兼任講師
筑波大学大学院教育研究科修士課程カウンセリング専攻修了
［本書執筆担当］1章

大庭さよ（おおば・さよ）
メンタルサポート＆コンサル東京　代表
VISION PARTNER メンタルクリニック四谷　エグゼクティヴアドバイザー
慶應義塾大学大学院社会学研究科博士課程単位取得満期退学
［本書執筆担当］1章・6章・8章

河田美智子（かわだ・みちこ）
株式会社日本能率協会マネジメントセンター　パーソナル・ラーニング事業本部
日本大学商学部非常勤講師（経営心理学）
早稲田大学大学院文学研究科修士課程心理学専攻修了
［本書執筆担当］1章・2章・5章・7章

岡田昌毅（おかだ・まさき）
筑波大学大学院人間総合科学研究科生涯発達科学専攻教授
名古屋大学大学院教育発達科学研究科博士後期課程心理発達科学専攻修了，
　博士（心理学）取得
［本書執筆担当］2章

堀越 弘（ほりこし・ひろし）
キャリアステージ研究所代表
名古屋大学大学院教育発達科学研究科心理発達科学専攻（博士後期課程）単位取得満期退学
［本書執筆担当］4 章

道谷里英（みちたに・りえ）
順天堂大学国際教養学部先任准教授
筑波大学大学院人間総合科学研究科生涯発達科学専攻修了，博士（カウンセリング科学）取得
［本書執筆担当］1 章・4 章

黒川雅之（くろかわ・まさゆき）
高千穂大学経営学部准教授
筑波大学大学院教育研究科修士課程カウンセリング専攻修了
［本書執筆担当］9 章

中村 恵（なかむら・めぐみ）
特定非営利活動法人国連 UNHCR 協会職員
筑波大学大学院教育研究科修士課程カウンセリング専攻修了
［本書執筆担当］1 章・10 章・11 章

新版 キャリアの心理学 ［第 2 版］
キャリア支援への発達的アプローチ

2018 年 7 月 20 日	第 2 版第 1 刷発行	定価はカヴァーに
2021 年 6 月 16 日	第 2 版第 6 刷発行	表示してあります

編著者　　渡辺三枝子
発行者　　中西　良
発行所　　株式会社ナカニシヤ出版
〒606-8161　京都市左京区一乗寺木ノ本町 15 番地

Telephone　075-723-0111
Facsimile　075-723-0095
郵便振替　01030-0-13128
Website http://www.nakanishiya.co.jp/
Email　　iihon-ippai@nakanishiya.co.jp

装丁・白沢 正／印刷・ファインワークス／製本・藤沢製本